PENILLION Y PLANT

Argraffiad Cyntaf – 1990
Argraffiad newydd – 2015

ISBN: 978 1 84851 997 8

⊕ y testun: T. Llew Jones ©
⊕ darluniau: Jac Jones ©

Dyluniwyd yr argraffiad newydd hwn gan Olwen Fowler

Dymuna'r cyhoeddwyr gydnabod cefnogaeth
ariannol Cyngor Llyfrau Cymru.

Cedwir pob hawl. Ni ellir atgynhyrchu unrhyw ran o'r cyhoeddiad
hwn na'i gadw mewn cyfundrefn adferadwy na'i drosglwyddo
mewn unrhyw ddull na thrwy unrhyw gyfrwng, electronig,
tâp magnetig, mecanyddol, ffotogoïo, recordio, nac fel arall,
heb ganiatâd ymlaen llaw gan y cyhoeddwyr.

Argraffwyd a rhwymwyd yng Nghymru gan
Wasg Gomer, Llandysul, Ceredigion, SA44 4JL

www.gomer.co.uk

Penillion y Plant

gan T. Llew Jones

DARLUNIAU · JAC JONES

GUTO, NIA, OWEN

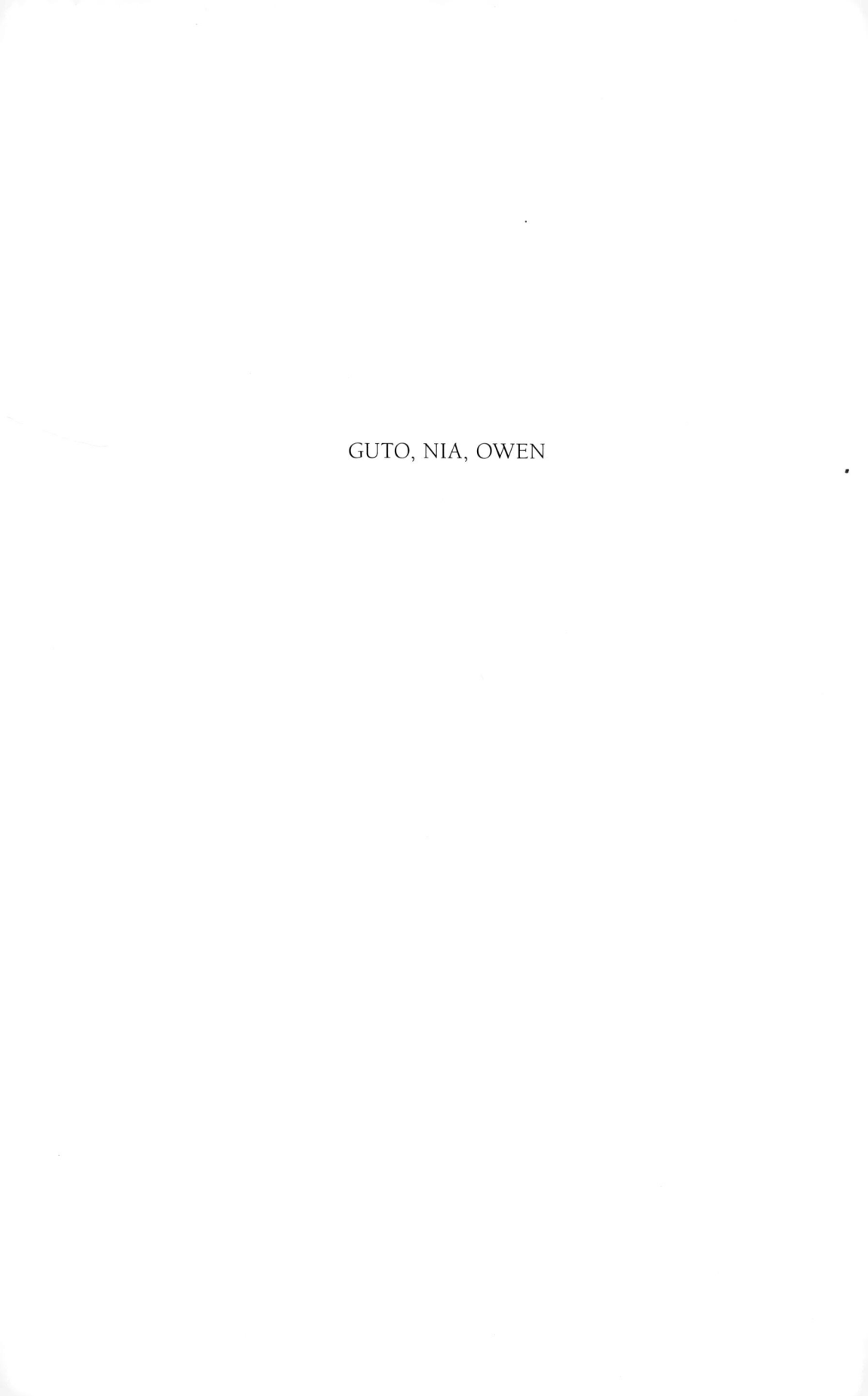

Cynnwys

Titw Tomos Las	9
Y Llygoden Fach	10
Pwy	12
Y Gwdi-hŵ	13
Y Corwynt	14
Ffarwél Haf	15
Jac-y-do	16
'Pwy sy'n hoffi'r glaw?'	18
Asyn Bach Glan Môr	19
Llygod Eglwys	20
Traeth y Pigyn	22
Dawns y Dail	23
Y Pysgotwr	24
Robin Goch	25
Y Llwynog	26
Y Lleidr Pen-ffordd	29
Y Cae Gwenith	32
Gwlad y Cardiau Nadolig	33
Misoedd y Flwyddyn	34
Limrigau	35
Sŵn	36

Y Storm	38
Fy Ngharafán	39
Y Cadno Coch	40
Carol	42
Ynys Afallon	43
Ifan y Mul o'r Hendre	44
Y Falwoden	45
Gwiwer y Gelli	46
Y Fedwen	48
Holi	50
Yr Hewlwr	51
Yr Hen Dŷ Gwag	52
Y Wiwer	54
Y Brain	55
Cwm-pen-llo	56
Hen Nythod	57
Cwm Alltcafan	58
Y Robin Goch	60
Y Ci Strae	61
Methu Cysgu	62
Y Môr	64
Dant y Llew	65
F'Ewyrth Ifan	66
Lliwiau	68

Gwynt y Nos	70
Y Graig ar Lan y Môr	71
Y Ffordd Fawr	72
Stori'r Gragen	74
Mister Trwstan	76
Noson Tân Gwyllt	78
Cân y Crwydryn	79
Ffonio'r Fet	80
'Arhoswch i Fi'	82
Bwyta Gormod	83
Pam?	84
Distawrwydd	85
Baled y Goleudy Gwag	86
Mister Pigog	90
Pen y Bryn	92
Y Sguthan	93
Y Ceffylau Bach	94
Gwrach y Rhibyn	96
Min Hwyr ar Lan y Môr	98
Ar Noson fel Heno	99
Aber-fan	100
Y Bws Bach	101
P'un Ddaeth Gynta'?	102
Nos Da	103

· Titw Tomos Las ·

Pan fydd y gwynt yn chwythu
A'r coed yn noeth a llwm,
A'r eira gwyn fel blanced
Yn cuddio llawr y cwm,
Fe ddaw y Titw Tomas
Gan blygu'i ben yn dlws,
I chwilio am friwsionyn
O fara wrth y drws.

Mae ganddo enw doniol
A doniol yw ei blu,
Ac nid yw'n medru canu
Cystal â'r Deryn Du.
Nid yw ei wisg mor brydferth
Â'r Teiliwr Llundain bras,
Ond O! Rwy'n hoffi gwylio
Y Titw Tomas Las.

Fe ddaw i sil y ffenest
Pan fydd y bwyd yn brin,
Gan droi ei ben bach smala
Ac edrych arna' i'n syn.
Efallai'i fod e'n haerllug,
Ond pwy all fod yn gas
Wrth dderyn bach mor ddigri
Â'r Titw Tomas Las?

Y Llygoden Fach

Llygoden fach lwyd yn byw yn y wal,
A'r hen gath felen yn ceisio ei dal.
Bu Pwsi yn gwylio'r twll drwy'r prynhawn,
A'r llygoden yn cwato yn ddistaw iawn.

Ond pan oedd Pws wedi blino'n lân,
Ac yn cysgu'n dawel o flaen y tân,
A'r tŷ yn dywyll, a'r drws ynghlo,
Fe ddaeth y llygoden allan am dro.

Mae'n cerdded yn ddistaw o dan y bwrdd,
Mae'n gwrando! Yn barod i redeg i ffwrdd!
Mae'n chwilio am friwsion mân ar y llawr;
Ond O! Mae Pws wedi deffro nawr!

Mae'n rhedeg fel gwynt am y twll yn y wal!
Ond neidiodd yr hen gath felen a'i dal!
A dyna oedd diwedd y llygoden fach lwyd
A ddaeth allan i'r gegin i chwilio am fwyd.

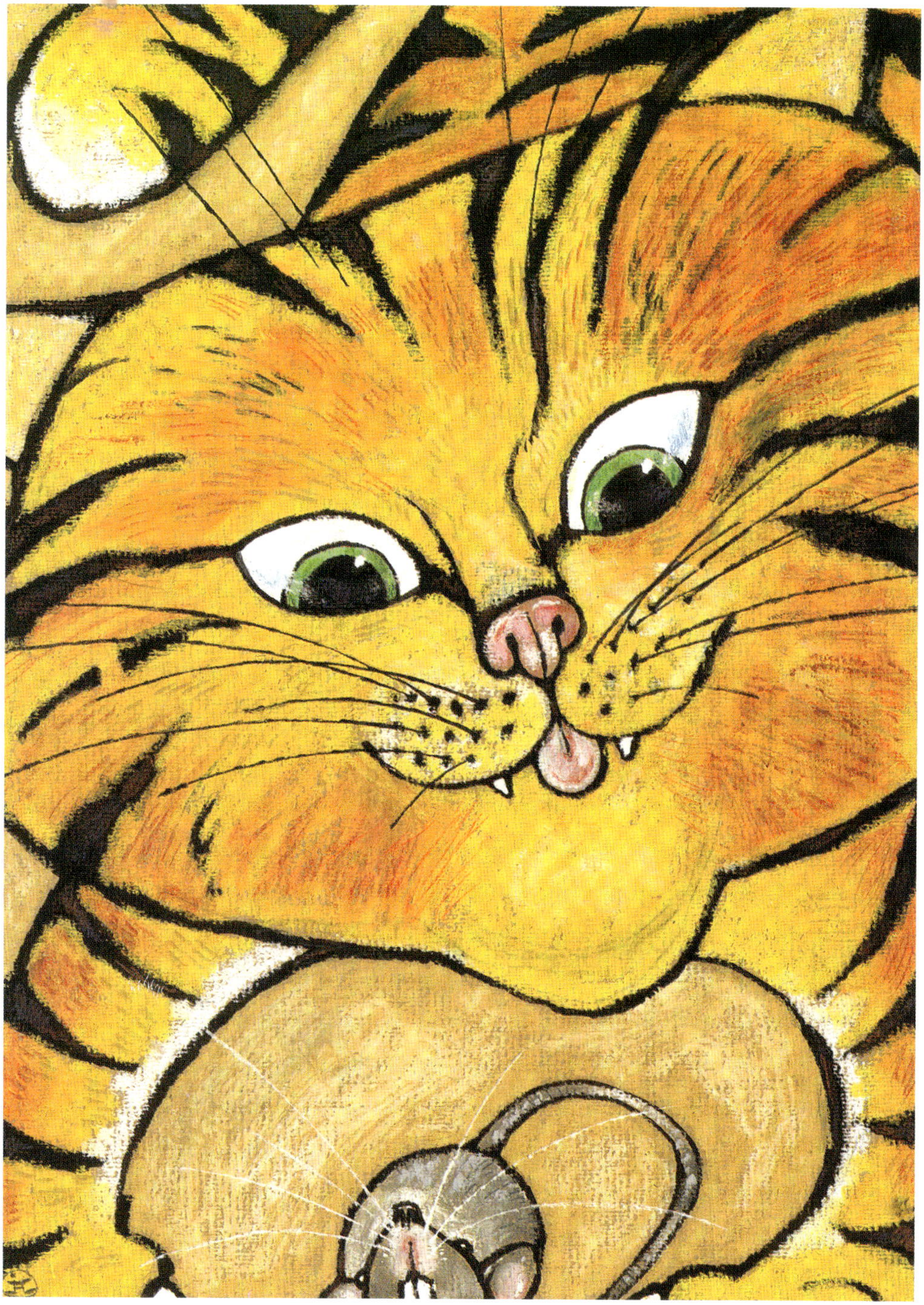

Pwy?

Pwy sy'n gallu taro
Saith, wyth, naw?
Pwy sy'n berchen bysedd
Heb yr un llaw?

Pwy sy'n gallu cerdded
Heb yr un droed?
Er nad yw wedi symud
Cam erioed?

Pwy sy'n berchen wyneb
Heb yr un dant?
Pwy sy'n dweud –
'Mae'n amser mynd i'r gwely'
Wrth y plant?

· Y Gwdi-hŵ ·

Pan fo'r coed yn ddistaw
A'r awel yn oer,
A'r barrug dros y caeau
Yng ngolau'r lloer,

Pan fo pawb yn cysgu
A'r ieir ar y glwyd,
Daw'r hen dylluan allan
I chwilio bwyd.

Pan fo'r tŷ yn dywyll,
A'r cathod a'r cŵn
O'r diwedd wedi blino
Ar gadw sŵn.

Pan fo'r heol lydan
Heb 'glep' yr un droed,
Bydd cri yr hen dylluan
Draw yn y coed.

Pam nad ei di i gysgu
Yr hen Gwdi-hŵ?
Mae'r cloc yn taro deuddeg . . .
'Tw-Whit-Tw-Hŵ-Hŵ!'

Y Corwynt

Myfi ydyw'r corwynt
Sy'n chwyrnu drwy'r fro
Gan dorri'r canghennau,
A chwythu'r cymylau
Fel byddin ar ffo.

Myfi ydyw'r corwynt
Sy'n ysgwyd pob dôr,
Gan ddeffro'r babanod,
A chwythu'r gwylanod
O'r graig uwch y môr.

Myfi ydyw'r corwynt
Sy'n chwerthin fel cawr
Wrth daflu bwcedi
A theisi mis Medi
Yn llanast i'r llawr.

Myfi ydyw'r corwynt
Sy'n chwyrnu drwy'r fro;
Ac yna'n tawelu
A myned i'r gwely
I gysgu am dro.

·Ffarwél Haf·

Beth mae'r awel oer yn ei ddweud
Wrth ddail y coed uwch fy mhen?
Mae ganddi newyddion drwg –
'Mae'r haf wedi dod i ben.'

Beth mae'r nant yn ei ddweud wrth yr hesg
Ar waelod y Feidir Wen?
Yr un yw ei stori drist –
Mae'r haf wedi dod i ben.'

Beth mae'r môr yn ei ddweud wrth y traeth,
Lle gynnau bu sŵn y plant?
Yr un ydyw stori'r môr
Â stori'r awel a'r nant.

Beth yw'r cleber ar grib y to,
Lle mae'r gwenoliaid yn rhes?
'Mae'r haf wedi dod i ben
A darfu'r heulwen a'r gwres.'

'Mae'r haf wedi dod i ben,'
Yr un yw'r stori bob tro –
Yr adar, yr awel a'r nant,
Rhaid imi eu coelio, sbo.

Jac-y-do

Mae nyth y Jac-y-do
Yn ein simnai ni ers tro.
Fe holais 'nhad a mam,
Ond does neb yn gwybod pam
Maen nhw'n dewis gwneud eu tŷ
Mewn lle mor ddu.

Y coed yw cartre'r brain,
Mae'r fronfraith yn y drain,
Ac yn y berth mae'r dryw
A'i deulu bach yn byw.
Ond wna'r mannau hyn mo'r tro
I'r Jac-y-do.

Yn y nyth mae pedwar cyw,
Sut maen nhw'n gallu byw
Yng nghanol arogl drwg,
Parddu a llwch a mwg?
'Dwi'n synnu dim fod plu
Y Jac-y-do mor ddu!

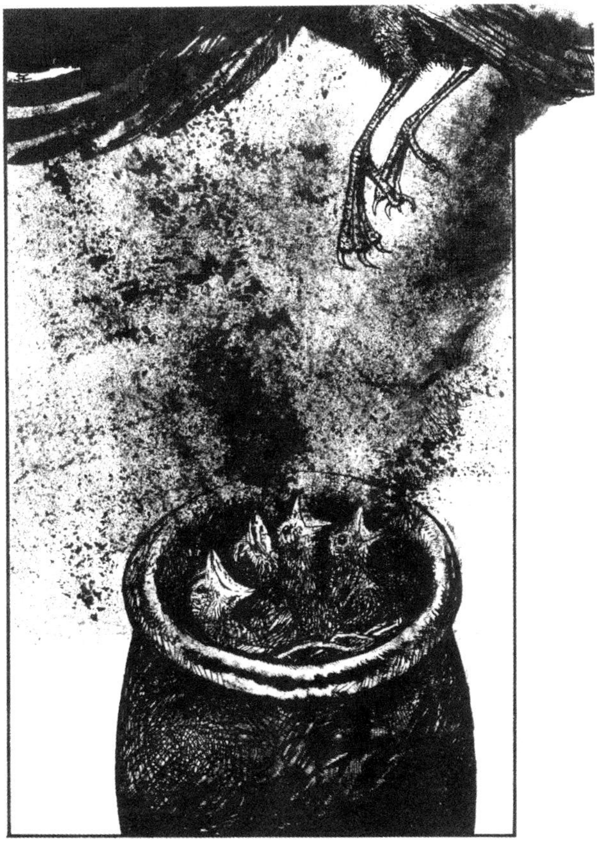

'Pwy sy'n hoffi'r glaw?'

'Rwyf fi'n hoffi'r glaw,' meddai'r hwyad wen,
Wrth weld y cymylau fry yn y nen;
'Does dim yn well gan hwyaid, rwy'n siŵr,
Na digon o laid a digon o ddŵr.'

'Rwyf fi'n hoffi'r glaw,' meddai hithau'r nant,
Wrth redeg dan ganu i lawr y pant,
'Os caf o'r cymylau ddigonedd o law,
Mi dyfaf yn afon fawr, maes o law.'

'Rwyf fi'n hoffi'r glaw,' meddai'r brithyll brych,
'Mae'n gas gen i heulwen a thywydd sych.
Rhowch i mi'r curlaw a'r afon yn lli,
Ac yna bydd digon o fwyd i mi.'

'Rwyf fi'n hoffi'r glaw,' meddai Twm Blaen-tir,
'Mae gennyf wialen a llinyn hir,
Ac os daw y curlaw i lwydo'r dŵr,
Mi ddaliaf fi'r brithyll yna, rwy'n siŵr!'

· Asyn Bach Glan Môr ·

Rwy'i wedi blino'n lân
Ar gario haid o blant,
Bu heddiw ar fy nghefn
Ddeugain neu hanner cant.

Rhai mawr, rhai bach, rhai tew
Rhai main, rhai byr, rhai tal,
Mae'n syndod erbyn nos
Sut mae fy nghefn yn dal.

Rwy'i wedi blino'n lan,
Mae'r tywod yma'n bla,
Ac wfft i sŵn y plant
A dyn yr hufen iâ.

Ond pan ddaw'r haf i ben
A'r hydref yn y tir,
A'r plant yn mynd tua thre,
Caf innau wyliau hir.

A phan ddaw'r tywydd oer
Caiff asyn bach fwynhad,
Wrth bori'r blewyn glas
Yn un o gaeau'r wlad.

· Llygod Eglwys ·

Oes, mae llygod yn yr eglwys!
Clywais ddwedyd lawer gwaith;
Er nad oes un pantri yno,
Cig na chaws na briwsion chwaith.

Dyna pam mae llygod eglwys
Ers sawl oes yn destun gwawd,
'Mae e fel llygoden eglwys,'
Ddwedir pan fo dyn yn dlawd.

Pam mae llygod bach yn dewis
Byw am oes mewn lle mor wael?
Yn y pentre mae 'na ddigon
O gartrefi gwell i'w cael.

Er nad oes o fewn yr eglwys
Gig na chaws na dim o'r fath,
Gall llygoden gysgu'n dawel
Yno byth heb ofn y gath!

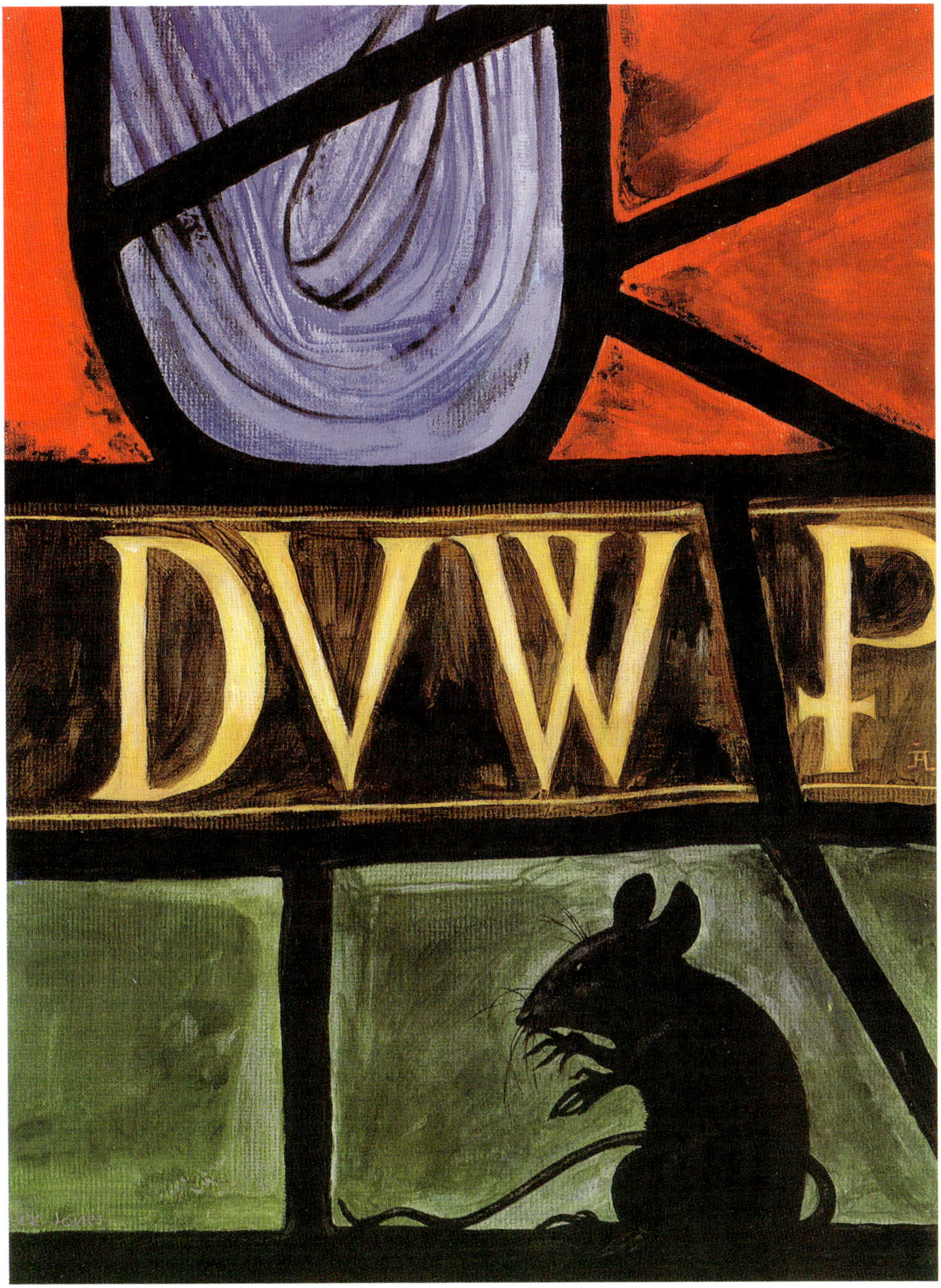
DVW P

Traeth y Pigyn

Ddoi di gen i i Draeth y Pigyn
Lle mae'r môr yn bwrw'i ewyn?
Ddoi di gen i? Ddoi di gen i?
Ddoi di ddim?

Ddoi di i godi castell tywod
A rhoi cregyn am ei waelod?
Ddoi di gen i? Ddoi di –
Ddoi di ddim?

Fe gawn yno wylio'r llongau
A chawn redeg ras â'r tonnau,
Ddoi di gen i?
Ddoi di ddim?

O, mae'n braf ar Draeth y Pigyn
Lle mae'r môr yn bwrw'i ewyn,
Pan fo'r awel ar y creigiau,
Pan fo'r haul ar las y tonnau.
Tyr'd gen i i Draeth y Pigyn,
Fe gawn wyliau hapus wedyn.
Ddoi di gen i? Ddoi di gen i?
Gwn y doi!

Dawns y Dail

Fe waeddodd gwynt yr hydref,
Mae'n waeddwr heb ei ail,
'Dewch i sgwâr y pentre i gyd
I weled dawns y dail.

'Rwy'n mynd i alw'r dawnswyr
O'r perthi ac o'r coed,
A byddant yma cyn bo hir
Yn dawnsio ar ysgafn droed.'

I ffwrdd â gwynt yr hydref
Â'i sŵn fel taran gref,
A chyn bo hir fe ddaeth yn ôl
A'r dawnswyr gydag ef.

Oll yn eu gwisgoedd lliwgar,
O'r glyn a choed yr ardd,
Rhai mewn melyn, gwyrdd, a choch,
A rhai mewn porffor hardd.

A dyna'r ddawns yn cychwyn,
O dyna ddawnsio tlws,
A chlywais innau siffrwd traed
Wrth folltio a chloi'r drws.

Ond pan ddihunais heddiw
Roedd pibau'r gwynt yn fud,
A'r dawnswyr yn eu gwisgoedd lliw
Yn farw ar gwr y stryd.

· Y Pysgotwr ·
(mewn llun)

Mewn cwch digyffro dacw'r gŵr
Yn llonydd iawn uwch llyn o ddŵr.

Mae'r llyn heb grychni ar ei len,
A phlyg helygen las uwchben
Y gŵr – yr amyneddgar ŵr
Sy'n gwylio'i linyn yn y dŵr.

Drwy'r oriau hir, drwy'r misoedd maith,
Heb symud nac anadlu chwaith,
Fe ddeil i syllu ar y llyn
A'r wialen rhwng ei ddwylo'n dynn.

Nid ildia'r gŵr ar waetha'i lwc,
Er gwylio'n astud ni ddaw plwc
Pysgodyn braf i grychu'r dŵr.
Ond 'rhoswch chi! 'Dw i ddim yn siŵr!

Na, llonydd yw ei linyn o,
Fy llygaid i a'm twyllodd, sbo.

· Robin Goch ·

Pan fo'r eira ar y llawr
A'r wennol wedi mynd,
Robin Gach a'i lais bach tlws
Ddaw heibio fel hen ffrind.

Mae bron y Robin Goch fel fflam
A'i aden fach yn llwyd,
O, dewch â briwsion iddo, Mam,
Mae arno eisie bwyd.

Y Llwynog

Yn ogof Gallt y Warin
Mae cartre'r llwynog coch;
A draw ar sgwâr y pentre
Mae'r cŵn a'r cynydd croch.

Mae'n fore oer, barugog
A'r coed a'r caeau'n llwm,
Ond hardd yw'r cotiau cochion
Sy'n croesi llwybrau'r cwm.

Mae'r cŵn yn ffroeni'r rhedyn
A'r corn yn galw'n glir
A niwl y bore'n troelli
Uwchben y Garreg Hir.

A dyna waedd a charlam,
Mae'r llwynog ar ei hynt!
Mae'n dringo Craig y Pistyll
I goed y fron fel gwynt.

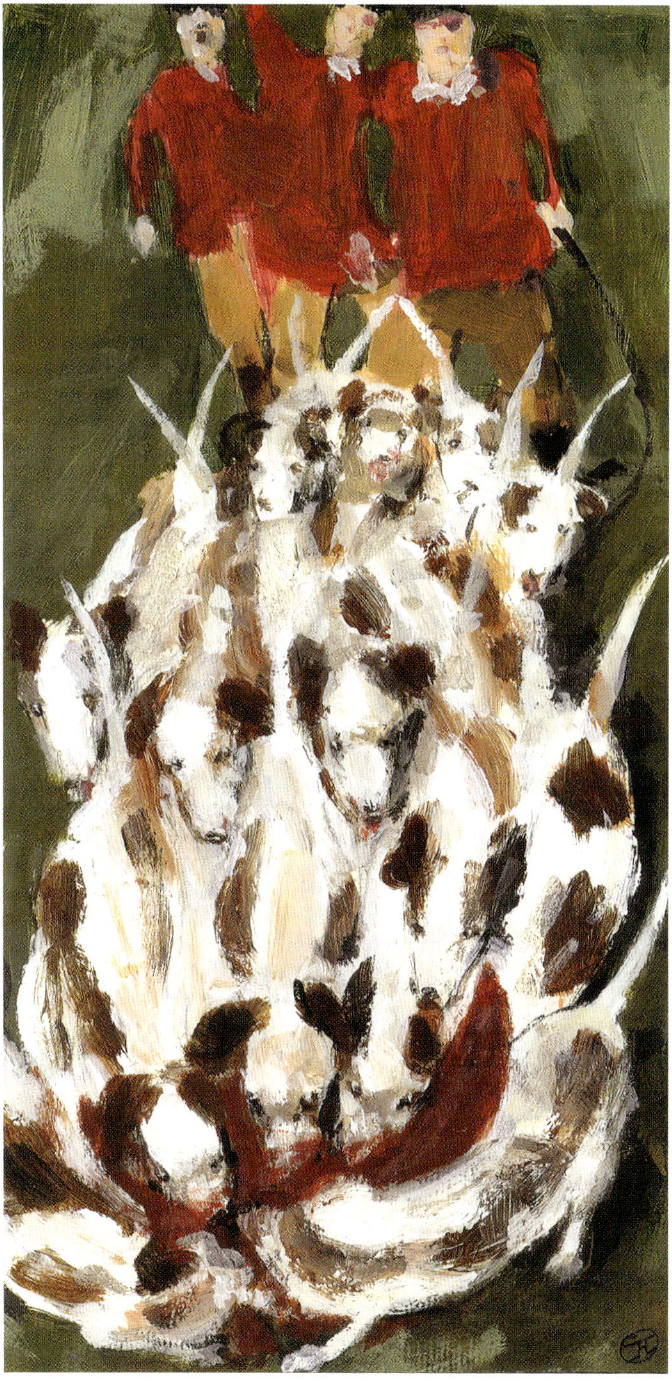

Mae Sgweier mawr yr Hafod
Yn gweiddi, 'Tali-ho!'
A sŵn y cŵn yn atsain
Trwy hen gilfachau'r fro.

Ni hidia'r cotiau cochion
Am ffos na pherth na dim,
Rhaid dilyn corn y cynydd
A'r llwynog cyfrwys, chwim.

Heno ym Mhlas yr Hafod
Bydd drachtio'n ddwfn o'r gwin,
A'r helwyr yn eu hafiaith
Ar ôl yr helfa flin.

A draw yng Nghallt y Warin,
Ymhell o'u mwstwr hwy,
Bydd gwâl yn rhwd y rhedyn
Heb neb i'w harddel mwy.

Y Lleidr Pen-ffordd

Ar ambell nos loer-olau
A'r gwynt yn nhwll y clo,
A sŵn moduron prysur
Yn ddistaw iawn ers tro,
Fe glywch, ond ichi wrando,
Sŵn ceffyl yn mynd heibio
Dros heol fawr y fro.

A phwy yw'r marchog hwnnw
Sy'n mynd mor hwyr y nos
Dros lawer nant ac afon
A thros y waun a'r rhos?
Wel, Twm Siôn Cati'i hunan
A'i glogyn du yn hofran
O dan y lleuad dlos.

Mae'n aros ar y groesffordd
Yng nghysgod coed y Plas;
Fe rydd ei law ar bistol
A thyn ei gleddyf glas.
Ac yno mae'n clustfeinio,
Am sŵn coets fawr Llandeilo
Yn mynd trwy'r cwm ar ras.

Tu ôl i'r coed hynafol
Mae'r Plas yn adfail llwm,
Rhy bell yw'r Sgweier heno
I ofni castiau Twm.
Ac ni ddaw coets Llandeilo
A charnau'r meirch yn fflachio
Byth mwy i fyny'r cwm.

Carlama'r ceffyl ymaith
A'r marchog ar ei gefn,
Mae sŵn y carnau'n darfod
Ar lawr y briffordd lefn.
Ond gwn, ond ichi wrando
Ar ambell nos fel heno –
Y clywch chi'r sŵn drachefn.

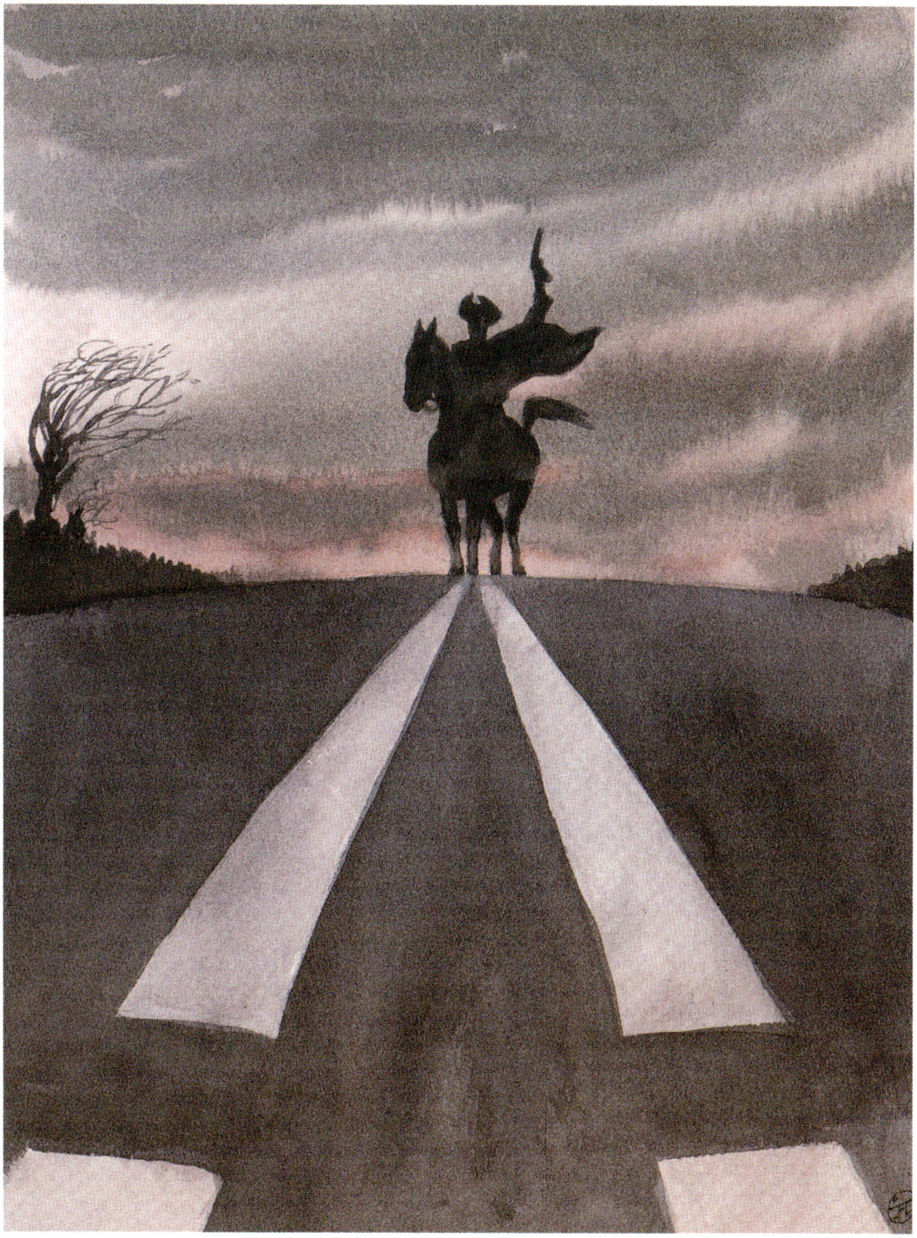

· Y Cae Gwenith ·

Daeth ffermwr a'i dractor i gae Tŷ'n-Ddôl
Un bore o wanwyn clir,
Ac wedi aredig, fe heuodd yr had,
A thyfodd yr egin cyn hir.

Ac yna daeth Ebrill a'i gawod a'i haul,
A thyfodd yr egin yn gynt,
Ac erbyn Mehefin roedd gwenith Tŷ'n-Ddôl,
Yn uchel, a'i ben yn y gwynt.

Rhwng diwedd Gorffennaf a dechrau mis Awst
Troi'n felyn wnaeth gwenith Tŷ'n-Ddôl,
Ac yna dychwelodd y tractor drachefn
Gan dynnu y beinder o'i ôl.

A thorrwyd y gwenith a dyfodd mor dal,
A chariwyd y sgubau ynghyd,
Ac yna daeth tractor a threiler Tŷ'n-Ddôl
I'w cywain i'r ydlan i gyd.

A phan ddaeth yr hydref nid oedd yn y cae,
Lle tyfodd y gwenith gwych,
Ddim byd ond pioden a sguthan a brân
Yn lloffa yn y sofl sych.

Gwlad y Cardiau Nadolig

Mae gwlad y cardiau Nadolig mor dlws,
A'r eira'n llyfn ac yn lân hyd y ffyrdd,
Mae mynwes y robin ar garreg y drws
Mor rhyfeddol o goch, a'r celyn mor wyrdd.

Mae eglwys henffasiwn ynghanol y coed,
A thai â'u ffenestri'n olau i gyd,
A'r bechgyn a'r merched bach delaf erioed
Yn canu hen garol ar gornel y stryd.

Hen dafarn a'r eira'n wyn ar ei do,
A choets ar fin cychwyn i rywle ar hynt;
A rhyw hen ŵr barfog yn dod ar ei dro
A'r ceirw'n ei dynnu mor gyflym â'r gwynt.

Am wddf y dyn eira tu allan i'r drws
Bu rhywun yn clymu rubanau a chloch;
O, ydyw! Mae'r wlad yn rhyfeddol o dlws,
Ond pam y mae mynwes y robin mor goch?

*(Yn ôl hen chwedl cafodd y Robin ei
fron goch pan ddisgynnodd ar bren y
groes ar ddydd croeshoelio Iesu Grist.)*

Misoedd y Flwyddyn

Ionawr, mis yr eira gwyn,
Rhew yn glo ar ddŵr y llyn.

Chwefror, ac mae'r eirlys tlws
Yn dweud bod gwanwyn wrth y drws.

Mawrth a rydd yr heulwen swil
I'r oen bach a'r daffodil.

Ebrill, tywydd teg a ddaw,
Gydag ambell gawod law.

Mai yw mis y mêl erioed,
Cân yr adar yn y coed.

Mehefin ddaeth, ac yn yr ardd
Mae llysiau a rhosynnau hardd.

Mis Gorffennaf, wybren glir,
Haul ar fryn a dyddiau hir.

Awst yw hi, mis cynta'r hydre',
A daw'r ŷd yn ddiogel adre.

Medi ddaw a'i ffrwythau aeddfed,
Yn y berllan cewch eu gweled.

Hydref! O, mae'n dechrau oeri,
Ond mae'r cnau i gyd yn wisgi.

Tachwedd ddwg y gwynt a'r glaw,
Chwyth y crinddail yma a thraw.

Rhagfyr oer a ddaw i'n rhynnu,
At y tân mae pawb yn tynnu.

·Limrigau·

Nadolig sy'n dod unwaith eto,
Cawn bwdin a chig wedi'i rostio,
    Cawn eto fwynhau
    Y melysion a'r cnau,
A disgwyl i Santa ddod heibio.

Mae tŷ Modryb Ann yn rhyfeddod,
Bob amser yn llawn annibendod,
    Mae dau neu dri chi
    Yn byw gyda hi,
A dwsin neu ragor o gathod.

· Sŵn ·

Liw nos ni chlywir, medden nhw,
Ond hwtian oer y gwdi-hŵ:
Mae pawb a phopeth yn y cwm
Yn ddistaw bach, yn cysgu'n drwm.

Ond celwydd noeth yw hynny i gyd,
Mae'r nos yn llawn o sŵn o hyd;
Mi glywais i, un noson oer,
Sŵn cŵn yn udo ar y lloer.

Mi glywais wedyn, ar fy ngair,
Sŵn llygod bach yn llofft y gwair –
Rhyw sŵn fel sŵn y gwynt trwy'r dail,
Rhyw gyffro bach a sibrwd bob yn ail.

A chlywais wedyn, ar ôl hyn,
Grawcian brogaod yn y llyn;
A chlywais unwaith, ar fy ngwir,
Gyfarth y llwynog o'r Graig Hir.

Pan ddring y lloer a'r sêr i'r nen,
A gwaith y dydd i gyd ar ben,
Pan gilia pawb i'r tŷ o'r clos,
Cawn gyfle i wrando ar leisiau'r nos.

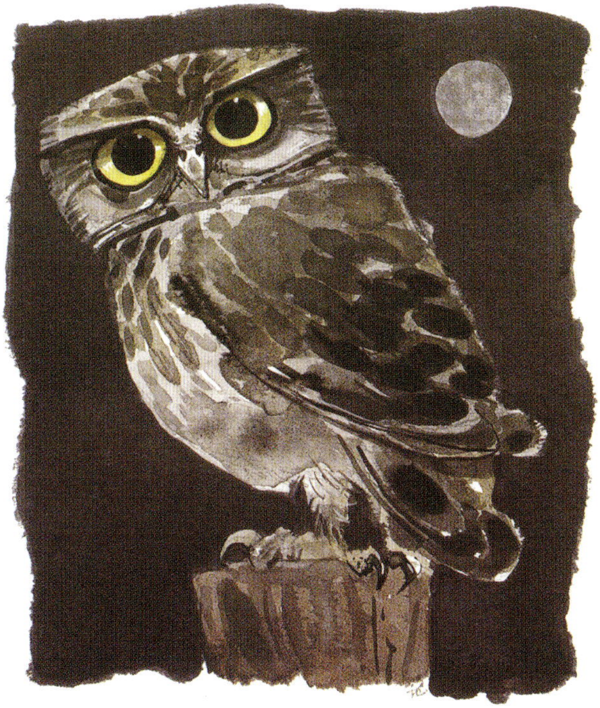

Y Storm

Mae'r gwynt yn curo heno
Wrth ddrws yr Hafod Wen,
A minnau yn y gwely
A'r dillad dros fy mhen.

Mae'r glaw yn curo'r ffenest
A mil o fysedd mân,
Rwyf innau'n glyd a diddos
O dan y garthen wlân.

Os yw hi'n storm tu allan
A'r coed a'r caeau'n ddu,
Ni chaiff y gwynt na'r curlaw
Byth ddod i mewn i'r tŷ.

Chwyth fel y mynni, gorwynt,
Rhwng cangau'r deri mawr,
Mae'n gynnes yn y gwely –
Rwy'n mynd i gysgu nawr.

· Fy Ngharafán ·

Pe bai gen i geffyl a charafán,
Fe awn i grwydro i lawer man;
Ffordd yma, ffordd acw, i fyny, i lawr,
Ar heolydd bychain a phriffyrdd mawr.

Fe fynnwn weld rhyfeddodau'r byd,
Y traethau pell a'r dinasoedd i gyd;
Y plasau gwych a'r bythynnod gwyn,
A'r castell mawreddog ar gopa'r bryn.

Fe awn i grwydro dros fynydd a rhos
Yn fy ngharafán, a chawn fwrw nos
Yn ymyl rhyw gornant fach loyw a glân,
A chysgu'n esmwyth yn sŵn ei chân.

Ond fore trannoeth fe awn drachefn
Ymlaen ac ymlaen tros y briffordd lefn;
Fe awn i grwydro i lawer man,
Pe bai gen i geffyl a charafán.

Y Cadno Coch

Mae'r cadno coch yn cysgu
Yng ngwaelod Gallt-y-glyn,
A Charlo'r ci yn cyfarth
Ar fuarth Pant-yr-ynn.

Mae'r ieir a'r ceiliog dandi
Yn pigo, pigo'u bwyd,
Ac yna'n mynd i orffwys
Yn dawel ar y glwyd.

Mae Carlo'r ci yn cysgu
Ar fuarth Pant-yr-ynn,
A'r cadno coch yn deffro
Yng ngwaelod Gallt-y-glyn.

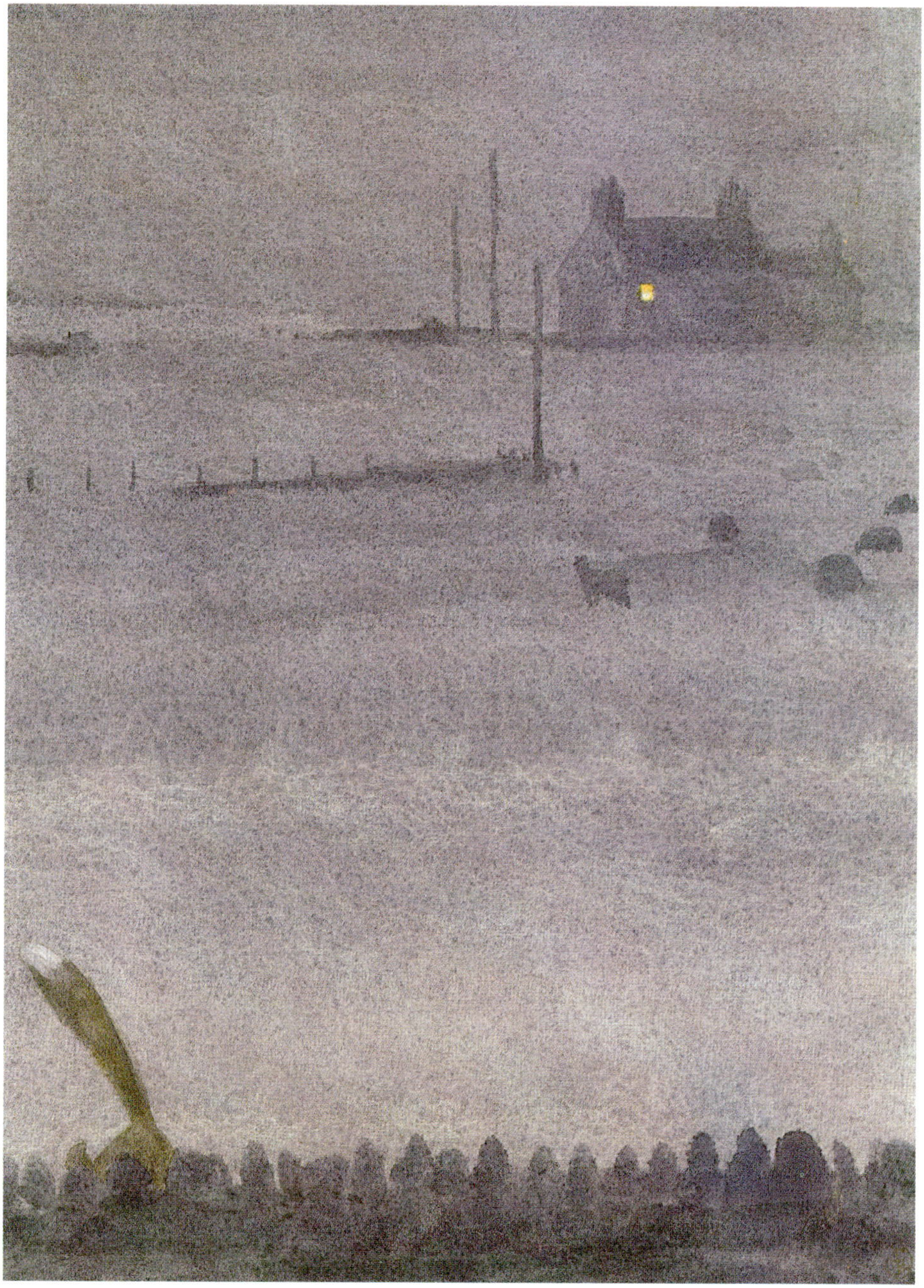

· Carol ·

Faban Iesu
Cwsg heh ofni
Yn dy wely bach o wair.
Nid yw Herod
Eto'n gwybod
Mai Oen Duw yw baban Mair.
Cwsg yr awron
Faban tirion,
Gwylio'n gyson
Mae'r angylion
Uwch dy wely bach o wair.

Gwylio'u defaid
Roedd bugeiliaid
Ar y bryn o awr i awr;
Gwelodd 'rheini
Glaer oleuni
Dros y bryniau'n dod i lawr;
Ac fe glywsant
Hwythau'r newydd
A chanasant mewn llawenydd
Gân i frenin nef a llawr.

Ynys Afallon

Draw ymhell dros donnau'r môr
Mae ynys sy'n baradwys werdd,
Ei gerddi a'i choedlannau'n llawn
O flodau ac o adar cerdd.

Ni hwyliodd llong i'w thraethau hi,
Ni roddodd morwr arni droed,
Ac ni roes gwybodusion byd
Ei henw hi ar fap erioed.

Ond mae hi'n bod, mi wn yn iawn,
A blodau'r lotus yno a dyf,
Ynys Afallon! Lle ni cheir
Na churlaw mawr na chorwynt cryf.

Yno'r aeth Arthur gynt yng nghwch
Y Tylwyth Teg i wella'i glwy',
I fyw am byth yng ngerddi'r rhos
Ymhell o sŵn rhyfeloedd mwy.

Pan fyddaf innau'n teimlo'n flin
Ac yn wangalon ambell waith,
Mi fydda' i'n rigio sgwner dal
A mynd i'r ynys deg ar daith.

Ifan y Mul o'r Hendre

Ifan y Mul o'r Hendre
Yn mynd i weld y byd,
Gadael y fuwch a'r iâr a'r cyw
A'r hwyaid bach i gyd.

Ifan y Mul o'r Hendre
Yn mynd dros fryn a dôl,
A'r hwyaid a'r fuwch a'r iâr a'r cyw
Yn crio ar ei ôl.

Ifan y Mul o'r Hendre
Yn dyfod tua thre,
A'r hwyaid a'r fuwch a'r iâr a'r cyw
Yn chwerthin dros y lle.

· Y Falwoden ·

Falwoden lwyd, i ble'r ei di
Am dro mor gynnar y prynhawn?
Mor araf wyt! Fe ddwedwn i
Nad yw dy siwrnai'n bwysig iawn.

Os oes 'na ffrind ar ben y daith
Yn disgwyl iti ddod – yn wir –
Rhaid bod amynedd hwnnw'n faith,
Waeth fydd e'n disgwyl yn go hir!

Os doi di i ben dy siwrnai byth,
A fydd dy gyfaill ma's o'i go'?
Falwoden lwyd a'r ddau gorn syth,
Pam rwyt ti'n llusgo-mynd mor slo?

'Dw'i ddim yn mofyn rhuthro'n chwim,
Mae mynd gan bwyll yn llawer gwell,
'Dw'i ddim am ddal un bws na dim,
Ac nid wy'n mofyn mynd ymhell.

Un peth sy'n dda, os wyf fi'n slo –
Rwy'n cario 'nghartref ar fy nghefn,
A phan rwy'n llusgo ma's am dro,
Does dim rhaid llusgo'n ôl drachefn.'

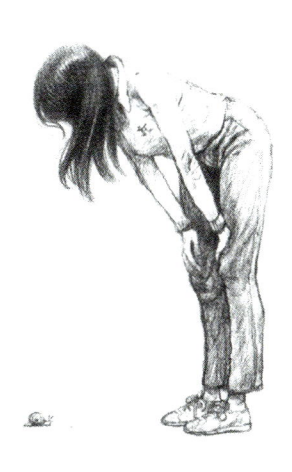

Gwiwer y Gelli

Draw ymhell yn y gelli
Un nos Sul, fe welais i
Wiwer goch ar frig uchel
Rhes o goed, yn brysiog hel
Stôr o gnau rhwng cangau'r cyll,
Ciniawai ar y cnewyll.
O bren i bren casglu'n braf,
Ei chnau yw ei chynhaeaf!

Rhoi ysbonc yn hoyw dros ben,
Gwingo ar flaen y gangen,
Neidio fel mellten – wedyn
Aros fry a syllu'n syn
Drwy'r dail, cyn gwibio eilwaith
Yn ei chot goch at ei gwaith;
Dyna sionc y dawnsiai hi
Ymysg y clymau wisgi!

Heno mae'n Galan Ionawr
A'r rhew llwyd yn cuddio'r llawr,
Yr hen allt tan eira'n wyn,
Noeth a moel heb ffrwyth melyn.

Yn y rhew, ble mae'r wiwer?
Y gwan bach! Mae'n cysgu'n bêr
Er ys tro, heb feindio fawr
Am ddinistr stormydd Ionawr.

Huno wna ar waetha'r hin
Arw ac oer a'r rhew gerwin,
Nes daw haf i'r fforest hen
Yn ôl . . . a'i gân a'i heulwen.

· Y Fedwen ·

I lawr yng nghwm Cerdin
Un bore braf, gwyn
A Mawrth yn troi'n Ebrill
A'r ŵyn ar y bryn;
Ni welais un goeden (ni welaf, rwy'n siŵr)
Mor fyw ac mor effro
Mor hardd yn blaguro,
Â'r fedwen fach honno yn ymyl y dŵr.

A'r haf yng nghwm Cerdin
Fel arfer ar dro,
A'r adar yn canu
A nythu'n y fro,
Ni welais un goeden (ni welaf, rwy'n siŵr)
Mor llawn o lawenydd
A'i gwyrddail mor newydd,
Â'r fedwen aflonydd yn ymyl y dŵr.

A'r hydre'n aeddfedu
Yr eirin a'r cnau
A'r nos yn barugo
A'r dydd yn byrhau,
Ni welais un goeden (ni welaf, rwy'n siŵr)
Mor dawel a lliwgar
A'i heurwisg mor llachar,
Â'r fedwen fach hawddgar yn ymyl y dŵr.

A'r gaea' 'mro Cerdin
A'r meysydd yn llwm,
A'r rhewynt yn rhuo
Drwy'r coed yn y cwm,
Ni welais un goeden (ni welaf, rwy'n siŵr)
Er chwilio drwy'r hollfyd –
Mor noeth ac mar rhynllyd
Â'r fedwen ddifywyd yn ymyl y dŵr.

· Holi ·

Pam mae'r gath yn hoffi pysgod?
Ni fu yn pysgota 'rioed,
Nid yw'n mynd i lan yr afon,
Nid yw'n hoffi gwlychu'i throed.

Pam mae'r ci yn claddu asgwrn
Yn yr ardd mewn pridd a baw,
Ac yn mynd i'w atgyfodi
Ac i'w fwyta maes o law?

Sut mae'r ieir yn medru cysgu
Trwy y nos hyd doriad gwawr
Ar hen glwyd fach denau, denau
Fry'n y to, heb gwympo i'r llawr?

Pam mae'r gwdi-hŵ'n dihuno,
Pan ddaw'r lloer dros gopa'r bryn?
Pam mae'r wadd yn byw tan ddaear?
Pam mae llaeth buwch goch yn wyn?

Pam mae'r gwcw'n dweud ei henw?
Pam mae cwte'r moch yn gam?
Tra bo corgi bach sir Benfro
Heb un gwt o gwbwl! Pam?
Pam? Pam?

· Yr Hewlwr ·

Mae'n dod at ei waith erbyn wyth o'r gloch,
Ac wedi gosod ei ddwy fflag goch,
Un fan yma a'r llall fan draw,
A phwyso tipyn ar ben ei raw
Ac edrych o gwmpas, mae'n dweud wrtho'i hun;
'Wel, dyma hi eto yn fore dydd Llun,
A rhaid i minnau fynd ati, sbo,
I gadw a thrwsio hewlydd y fro.
Rhaid clirio'r dail sydd yn tagu'r ffos,
Mae digon o waith o fore hyd nos!'

Mae'n gweithio'n araf o awr i awr,
A'r ceir yn mynd heibio ar yr heol fawr,
Mynd heibio heb sylwi dim ar y dyn
Sy'n tacluso'r ffordd ar fore dydd Llun.

Cyn hir daw hen gyfaill heibio am dro
Gan ddweud, 'Bore da, shwd mae heddi', Jo?'
'O, gweddol, fachgen!' Ac yna wrth gwrs
Rhaid cael hoe yn y clawdd a thipyn o sgwrs.

Ond yn fuan iawn wedi pedwar o'r gloch
Mae'r hewlwr yn plygu ei ddwy fflag goch;
Mae'n casglu'r offer yn ara' bach
Ac yna'n mynd tuag adre'n iach,
Â'r cryman a'r gaib a'r rhaw ar ei gefn;
Ond fory'n siŵr bydd yn ôl drachefn.

·Yr Hen Dŷ Gwag·

'Hylô 'ma! Oes 'na rywun i mewn?'
'*I mewn,*' meddai llais o draw;
A dim byd wedyn ond sŵn y gwynt
A dripian diflas y glaw.

Roedd y grat yn oer yn y gegin fawr,
Heb lygedyn o dân na glo.
Roedd y papur wal wedi rhaflo i gyd,
A llwydni ar drawstiau'r to.

Mynd trwy'r stafelloedd o un i un,
A'u cael yn foel a di-drefn.
'Hylô 'ma! Oes 'na rywun i mewn?'
'*I mewn,*' meddai'r llais drachefn.

Cerdded y grisiau i fyny i'r llofft.
Gwag yw'r stafelloedd bob un.
'Hylô 'ma! Oes 'na rywun i mewn?'
'*I mewn?*' . . . Neb ond fi fy hun.

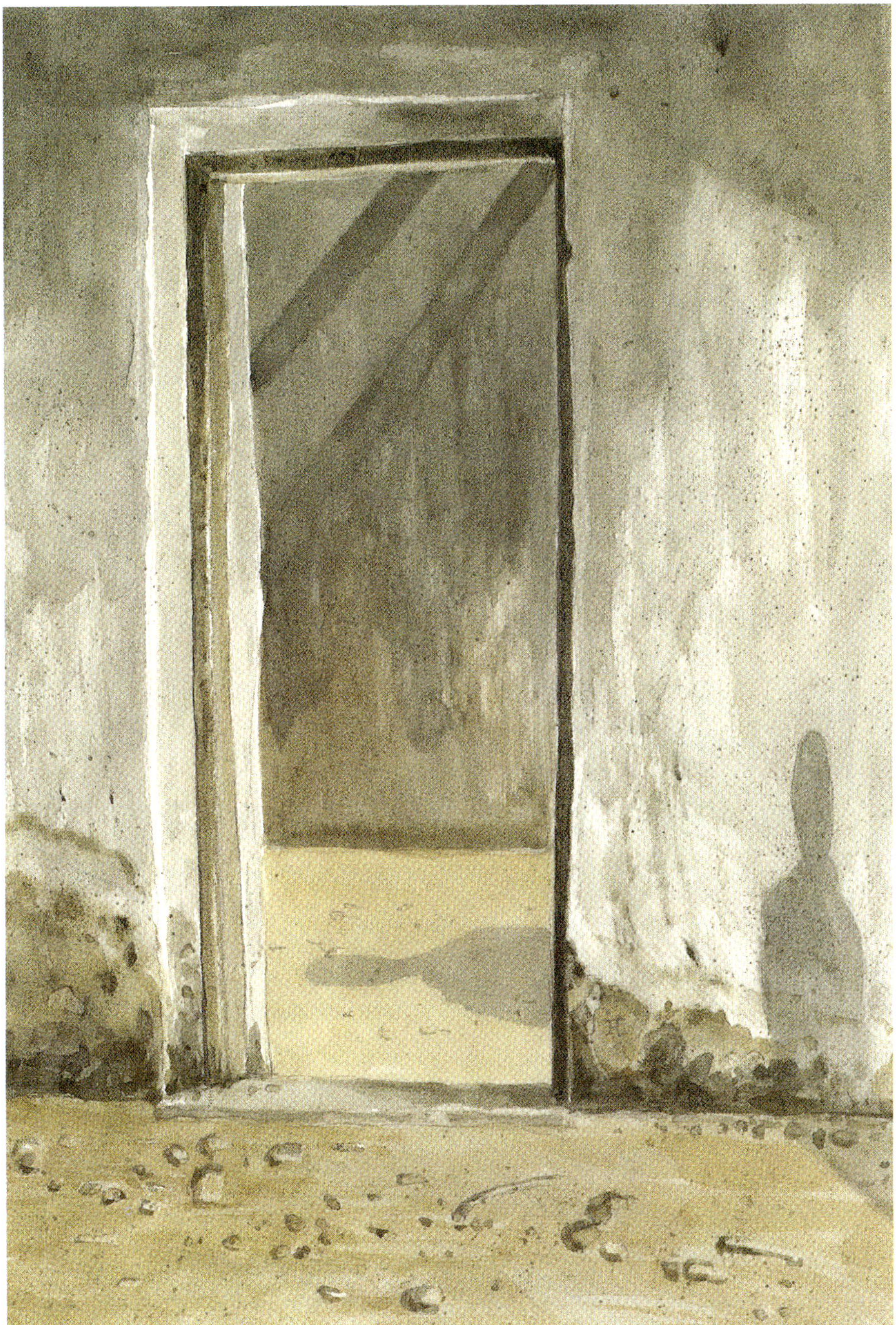

· Y Wiwer ·

Mae'r wiwer yn brysur yng Nghoed y Glyn,
Yn neidio rhwng brigau'r bedw a'r ynn,
I lawr ac i fyny, i fyny, i lawr
Dros gangau'r gollen a'r dderwen fawr.

Mae'n neidio a sboncio a dawnsio'n ffri
A'i chynffon fel baner yn hofran fry;
Rhag ofn ei tharfu, paid mentro'n nes,
Gad iddi gasglu y cnau a'r mes.

Mae'r mes yn aeddfed a gwisgi yw'r cnau,
Ac am fod y gaeaf yn agosáu
Mae'r wiwer yn casglu yn brysur iawn,
A chyn ho hir bydd ei phantri'n llawn.

Dacw hi'n neidio a sboncio'n iach
A chneuen gron yn ei phawen fach,
A dacw hi'n dringo ar ysgafn droed
A'i llygaid yn loyw rhwng cangau'r coed.

Ond O! Mae'n dianc trwy Goed y Glyn
Heibio i'r deri a'r bedw a'r ynn,
O frigyn i frigyn â naid a sbonc.
Yn wir, yn wir, mae'r wiwer yn sionc.

· Y Brain ·

Maen nhw'n dechrau yn y bore
Rhwng pump a chwech o'r gloch,
Gan ddeffro pawb a phopeth
Â sŵn eu crawcian croch.

A dyna i chi gweryla!
Pawb ar ei orau glas
Yn dwrdio ac yn ffraeo
Ym mrigau coed y Plas.

A phan fo'r haul yn machlud
Maen nhw wrthi hi drachefn,
Y mamau i gyd a'r tadau
Am y gorau'n dweud y drefn.

Ond wedyn maen nhw'n tewi
A mynd i gysgu i gyd;
A'r nythod fry yn edrych
Fel rhyw gyryglau mud.

Cyryglau – a'r rheini'n hwylio
Ar draws yr awyr las,
A gwynt y nos yn siglo –
Yn siglo coed y Plas.

· Cwm-pen-llo ·

Ar lawer noson gynt pan own i'n grwt,
A gwynt y gaea'n chwiban yn y clo,
'Doedd dim yn well gen i na chlywed Nain
Yn adrodd hanes difyr Cwm-pen-llo.

Mil gwell na chwedlau'r Tylwyth Teg a glywn
Yn nosbarth y plant lleiaf ambell dro,
Oedd clywed hanes Nain yn eneth fach
Yn byw ym mhentref hapus Cwm-pen-llo.

Roedd yno bobol ryfedd iawn yn byw –
Byth yn cweryla na mynd ma's o'u co',
Ac er bod pawb mor llwm â llygod bron,
Roedd *digon* gan bob un yng Nghwm-pen-llo.

A byddai pawb yn helpu ddiwedd haf
I gael y cynaeafau o dan do,
Ac nid oedd neb yn cyfri'i oriau gwaith
Na chwyno ar ei fyd yng Nghwm-pen-llo.

Er imi holi iddi lawer gwaith –
Ni ddwedodd Nain erioed ble'r oedd y fro,
Ond pan aeth hi i ffwrdd a'n gadael ni,
Mi wn yn iawn ble'r aeth . . . i Gwm-pen-llo.

·Hen Nythod·

Mae'r dail wedi cwympo
I'r llawr bob yr un,
Ac mae'r coed yn ddistaw
Ac yn llwm eu llun.

A daeth i'r golwg
Hen nythod y brain,
A nyth fach ddestlus
Y dryw yn y drain.

A nyth y fronfraith
A'r aderyn du,
Yn yr hen lwyn lelog
Yn ymyl y tŷ.

Pwy fyddai'n coelio,
Yn Ebrill a Mai
Fod i lawr yn y gelli
Gynifer o dai?

Ond dacw nhw bellach
Fel llestri ar seld,
Heb gysgod o gwbwl
A phawb yn eu gweld.

Ond twt . . . wedi meddwl,
'Does dim ots dim byd,
Mae'r plant a'u rhieni
Wedi mynd i gyd.

Cwm Alltcafan

Fuoch chi yng Nghwm Alltcafan
Lle mae'r haf yn oedi'n hir?
Lle mae'r sane gwcw glasaf?
Naddo? Naddo *wir*?

Welsoch chi mo afon Teifi'n
Llifo'n araf drwy y cwm?
Welsoch chi mo flodau'r eithin
Ar y llethrau'n garped trwm?

A fûm i'n y Swistir?
Naddo. Na, nac yn yr Eidal chwaith,
Ond mi fûm yng Nghwm Alltcafan
Ym Mehefin lawer gwaith.

Gweled llynnoedd mwyn Killarney
Yn Iwerddon? Naddo fi;
Tra bu rhai yn crwydro'r gwledydd
Aros gartref a wnes i.

Ewch i'r Swistir ac i'r Eidal,
Neu Iwerddon ar eich tro,
Ewch i'r Alban, y mae yno
Olygfeydd godidog, sbo.

Ond i mi rhowch Gwm Alltcafan
Pan fo'r haf yn glasu'r byd,
Yno mae'r olygfa orau,
A chewch gadw'r lleill i gyd.

Welsoch chi mo Gwm Alltcafan,
Lle mae'r coed a'r afon ddofn?
Ewch da chi i Gwm Alltcafan,
Peidiwch oedi'n hwy . . . *rhag ofn*!

· Y Robin Goch ·

Fe'i gwelais yn Ionawr yn dod at y tŷ,
Pan oedd gwynt y dwyrain yn rhuo'n groch,
Ac O! Dyna dlws ar yr eira gwyn
Oedd ei lygad gloyw a'i wasgod goch!

Ac fe'i clywais yn canu rhyw bwt o gân,
Pan oedd yr adar eraill yn fud,
Pan oedd dŵr y llyn dan haenen o rew
A dail y coed wedi marw i gyd.

Canmolwch, os mynnwch, y fronfraith lwyd,
Sy'n canu'n bêr rhwng canghennau'r coed,
Neu'r aderyn du yn y dderwen dal,
Y cantwr pertaf a fu erioed.

A chanmolwch, os mynnwch, y wennol a'r gog
Sy'n dod bob haf i'r ynysoedd hyn;
Ond gwell gen i'r deryn sy'n dod at y drws
Yn ei wasgod goch ar yr eira gwyn.

· Y Ci Strae ·

Ci cyfrwys a thenau,
Ci gwyllt hyd y caeau,
Heb gysgod, heb gartre,
Heb fwyd er ys dyddie.

Ci ffyrnig, ci cyndyn,
Ni wrendy ar undyn;
Heb neb i'w anwesu,
Heb dân i'w gynhesu;
A'i gyfran bob adeg
Yw pastwn neu garreg.

Ci garw, ci buan
Yn byw wrtho'i hunan,
Ci bawlyd, ci carpiog
A'i ddannedd yn finiog.

Ci du, gwyn a melyn,
A phawb iddo'n elyn;
Hen gi melltigedig
Ac anwareiddiedig,
Ci creulon, ymladdgar,
Heb ffrind ar y ddaear.

Ci unig . . . ci dedwydd,
Mor rhydd â'r ehedydd,
Heb law i'w feistroli
Na llais i'w reoli.

· Methu Cysgu ·

Tywyllwch y nos tu allan
A'r drysau ynghau bob un,
A dim ond y cloc wyth niwrnod
Ac yntau, yn dal ar ddi-hun.

Mae'n clywed y gwynt yn sibrwd
Cyfrinach yng nghlust y nos,
A gwêl trwy grac yn y llenni
Y lleuad wen uwch y rhos.

Mae'n troi a threiglo'n y gwely,
Ac o bell y mae'n clywed sŵn
Cweryla cathod y pentre
A chyfarth diflas y cŵn.

Mae'n cyfri'r defaid sy'n rhedeg
Drwy'r clawdd bob yn un ac un.
Mae... wedi... blino... mae'n... llithro...
Does neb ond y cloc ar ddi-hun.

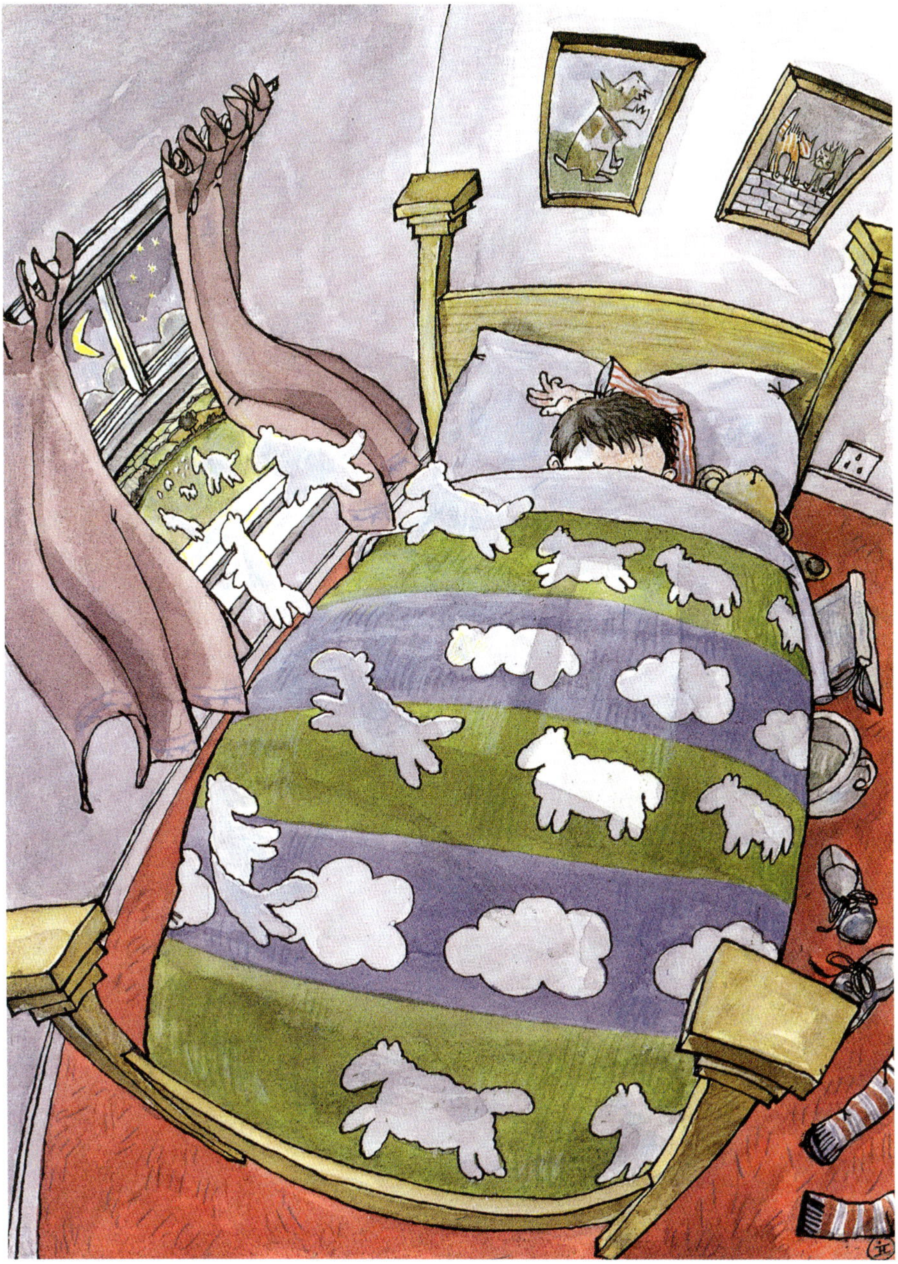

Y môr

Anifail newynog yw'r môr,
Rhyw fytheiad creulon, llwyd,
Sy'n noethi'i ddannedd o hyd,
Wrth chwilio am fwyd.

Wrth hela ar hyd y traeth
Mae'n ymlid, ac yna'n troi;
Mae'n gafael yn esgyrn y graig
A'u llyfu a'u cnoi.

A phan gyfyd y gwynt yn storm
Cewch glywed sŵn ei sgrechfeydd,
Pan ruthra'n gynddeiriog, wyllt
Trwy'r hen ogofeydd.

Ond ar ddyddiau tawel yn Awst,
Pan ddaw'r ymwelwyr o bant,
Ci anwes diniwed yw'r môr,
Yn chwarae â'r plant.

Dant y Llew

Pan ddaeth gwanwyn wedi'r gaeaf,
Pan ddaeth haul i doddi'r rhew,
O, mor dlws oedd euraid bennau'r
Dant y Llew.

Yn y cae dan draed y gwartheg,
Ar y lawnt yn garped tew,
Ac yng ngardd y garddwr diog –
Dant y Llew!

Ym mis Mawrth ar hyd y cloddiau,
O, bu'r blodau aur yn siew!
A doi'r gwenyn i gusanu'r
Dant y Llew.

Ond ym Mai ac ym Mehefin,
Daeth yn ôl hen lwydni'r rhew
I ddifetha aur betalau'r
Dant y Llew.

Ac yn awr, fel rhyw hen ddynion
Heb eu gwallt – (fu gynt yn dew),
Moel a llwyd a llwm yw pennau'r
Dant y Llew.

F'Ewyrth Ifan

Pan fydda i'n mynd i Aber-porth,
O, dyna amser diddan,
A gaf wrth wrando gyda'r nos
Ar straeon f'Ewyrth Ifan.

Hen forwr barfog ydyw ef,
Ac wedi bod ym mhobman,
Mae pobl Tseina a Singapôr
Yn nabod f'Ewyrth Ifan.

Am fwyn ynysoedd Môr y De
A'u hyfryd draethau arian –
Am drefi a dinasoedd pell
Y sonia f'Ewyrth Ifan.

Fe allwch glywed sŵn y môr,
A sŵn y gwynt a'r wylan,
Ond i chi wrando'n astud iawn
Ar straeon f'Ewyrth Ifan.

Fe deithiodd ef i ben draw'r byd
Dros bum cyfandir cyfan,
A gweld eu rhyfeddodau i gyd
A wnaeth fy Ewyrth Ifan.

Bu'n galed arno lawer gwaith
Mewn llawer storom, druan,
Ond llwyddodd i ddod adre'n iach
Bob tro – fy Ewyrth Ifan

Pan dyfa' i'n fawr a chryf a thal,
Mi fydda' i'n mynd fy hunan,
I hwylio'r môr i'r gwledydd pell
'Run fath â'm Hewyrth Ifan.

· Lliwiau ·

Beth sy'n wyn? Yr alarch araf
Sydd yn nofio ar y llyn,
Lili'r dŵr, yr eirlys hefyd,
Maent i gyd yn wyn.

Beth sy'n ddu? Y brain a'r cigfrain,
Jac-y-do ar ben y tŷ,
Mwyar aeddfed, eirin hefyd,
Maent i gyd yn ddu.

Beth sy'n goch? Y tân a'r pabi,
Ie, a'r gwrid sydd ar fy moch,
A dwy faner Siôn yr Hewlwr,
Y mae'r rheini'n goch.

Beth sy'n las? Y môr a'r awyr,
Bacse'r brain dan goed y Plas;
Clychau'r gog ym mis Mehefin,
Y maent hwythau'n las.

Beth sy'n wyrdd? Y lawnt a'r caeau,
Ie, a'r cloddiau hyd y ffyrdd;
Dail y coed, y brwyn a'r gwymon,
Dyna bethau gwyrdd.

Lliwiau! Lliwiau! Mae 'na ragor,
Yn y cae a'r coed a'r ardd;
Oll yn gymysg a gwahanol,
Er mwyn gwneud y byd yn hardd.

Gwynt y Nos

Pan fydda' i'n methu cysgu
Ar ambell noson ddu,
Clywaf y gwynt yn cerdded
Yn ddistaw o gylch y tŷ.

Fel rhyw greadur unig,
Heb ffrind o fewn y byd,
Yn crwydro trwy'r tywyllwch
Ei hunan bach o hyd.

A phan fo'r cloc yn taro
Deuddeg o'r gloch neu un,
Mi fydda' i'n teimlo weithiau
Fel gwynt y nos fy hun.

Yn unig ac anhapus,
Heb neb yn hidio dim
Am faint fy nghur a'm gofid,
Na beth a ddigwydd im.

Ond wedyn af i gysgu;
A phan ddaw'r wawr yn ôl,
Fe chwardd y gwynt a minnau
Am ben ein tristwch ffôl.

·Y Graig ar Lan y Môr·

Bu craig ar draeth Llangrannog
Er dechrau cynta'r byd,
Yn herio'r gwynt a'r tonnau,
Ac yno mae o hyd.

A phan fo'r storm ar ddyfod
Bydd gwylain yn un côr
Yn crio'n drist ar ysgwydd
Y graig ar lan y môr.

Dan bwysau'r maith ganrifoedd
Fe aeth ei chefn yn grwm,
A thyfodd crach o gregyn
Dros ei hystlysau llwm.

Bu'r môr yn ceisio'i chwalu
Sawl milwaith, ar fy ngwir;
Ond daliodd hi i'w herio;
Dyna i chi herio hir!

A phan â'n llwch ein cestyll,
A thyrau ucha'r byd,
Bydd craig ar draeth Llangrannog
Yn herio'r môr o hyd.

Y Ffordd Fawr

O, mae hi'n hen, yr heol fawr
Sy'n pasio ein tŷ ni;
Gynt fe fu milwyr Rhufain bell
Yn trampio drosti hi.

A chlywyd sŵn pedolau meirch
Y Norman arni gynt,
Yn gyrru heibio ar garlam gwyllt
I Benfro ar eu hynt.

A llawer gŵr ar farch, ar droed,
O hynny hyd yn awr
A aeth ar daith trwy law a gwynt
Ar hyd yr heol fawr.

Lleidr pen-ffordd yn hwyr y nos,
A llawer mynach blin,
Y pedler ffals a'i nwyddau rhad,
A'r milwr cloff o'r drin.

A'r goets a'i phedwar ceffyl balch,
Yn mynd eu gorau glas
I ddwyn y Mêl o Lundain draw,
A'i gŵn i ferch y Plas.

Maent wedi myned dros y rhiw
I'w holaf daith bob un,
Ond mil prysurach ydyw'r ffordd
Heddiw wrth fynd yn hyn.

Nid gwŷr ar draed na cheffyl chwaith
Sy'n hawlio'i hyd yn awr,
Ond car a bws a lori drom
A'u sŵn a'u mwg a'u sawr.

Stori'r Gragen

Codais gragen wag o'r tywod,
Llais y môr oedd ynddi hi,
Llais y môr yn isel sibrwd
Ei hen hanes wrthyf fi.

Ebe'r llais o fewn y gragen,
'Obry dan y tonnau gwyrdd
Y mae llongau Sbaen yn pydru,
'Rheini'n llawn trysorau fyrdd.

'Cistiau derw'n llawn o berlau
Ac o aur San Salfadôr,
Yn fodrwyau a choronau,
Tan y gwymon yn y môr.

'Y mae gerddi heirdd a lliwgar
Dan y tonnau gleision draw;
Cwrel ydyw'r mur o'u cwmpas,
Blodau'r môr sydd ar bob llaw.

'A ddoi di ryw ddydd i hawlio'r
Holl drysorau sydd yn stôr
Dan y tonnau dwfn, aflonydd?'
Ebe'r gragen wag o'r môr.

Rhoddais hi i Megan wedyn,
Ac fe'i daliodd wrth ei chlust,
Ond ni chlywodd hi, serch hynny,
Ddim ond cŵyn y tonnau trist.

Efelychiad o 'Lle Bach Tlws' – T. Gwynn Jones

· Mister Trwstan ·

Hylô, Mister Trwstan!
Dewch i mewn, da chi.
Y . . . gym'rwch chi ddisied
O de gyda ni?

Da iawn, Mister Trwstan,
Dyma'r cwpan i chi.
O . . . y . . . faint o siwgwr?
Dau delpyn neu dri?

Gwarchod, Mister Trwstan!
Dyna dro yn awr,
Mae'r cwpan a'r soser
Yn deilchion ar lawr!

Na-na, peidiwch hidio,
'Dw'i ddim o 'ngho',
Mae damwain yn digwydd
I ni i gyd yn ein tro.

Dewch ymla'n, Mister Trwstan,
Eisteddwch i lawr
Ar y gadair fan yma.
Y . . .'! Be' sy' nawr?

Ei choes wedi torri?
Rhaid bod pry yn y pren!
Na, 'sdim ots am y gadair,
Ond a frifoch chi'ch pen?

A yw'n babi ni'n crio?
Na, dim byd o'r fath,
Chi sy' wedi sathru
Ar gynffon y gath.

Mae hi wedi rhedeg
Trwy ddrws y cefn,
A 'dw'i ddim yn meddwl
Daw hi'n ôl drachefn.

Yr ardd, Mister Trwstan?
A'r rhosynnau gwyn?
Wel, dewch at y ffenest –
Cewch eu gweld o'r fan hyn.

O, dier, Mister Trwstan!
Dyna hen dro budr,
Mae eich penelin
Wedi mynd trwy'r gwydr!

'Ych chi'n mynd, Mister Trwstan?
Wel, chi ŵyr ore, yntê;
'Ych chi'n siŵr na chym'rwch chi
Ddim rhagor o de?

Wel, gwyliwch, Mister Trwstan,
Ar yr heol fawr,
Rhag ofn i chi daro
Bws neu lori i lawr.

Noson Tân Gwyllt

Blodau yn yr awyr
Â'u petalau tân,
A'r gwenyn o'u cwmpas
Yw'r gwreichion mân.

Ffynnon yn byrlymu
A'r dŵr o liw'r gwaed,
A bang! Bang! Ergydion
O gylch fy nhraed.

Rhoi'r hen ddyn yn barod
Uwch y pentwr dail,
Gweld y fflamau'n neidio
I fyny o'r sail.

Gwichian, gweiddi, sgrechian
Wrth weled y fflam
Yn llyfu'i ddillad carpiog
A'i hen gorff cam.

Sobri tipyn wedyn,
Ofni . . . a mynd yn fud,
Wrth weld y tân newynog
Yn ei fwyta i gyd.

Yna chwerthin eto,
A gweiddi'n groch
Wrth wylio hynt y raced
Â'i chynffon goch.

Cân y Crwydryn

Rhowch imi ffordd i'w thramwy,
A'r pell orwelion draw,
Blodau a dail ac adar,
A haul a gwynt a glaw.

A phâr o sgidiau cryfion
Yn ddiddos am fy nhraed,
A'r hawl i fynd lle mynnwy',
Mae crwydro yn fy ngwaed.

Ni fynnaf glod na chyfoeth
Na chysgod aelwyd glyd,
Na theulu na chydymaith
Wrth grwydro ar hyd y byd.

Cedwch eich swydd gysurus
A'ch cyflog saff am waith,
Digon i mi yw iechyd
A rhyddid ar fy nhaith.

Rhowch imi ffordd i'w thramwy,
Boed lôn neu heol dar,
A'r cyfan oll a feddaf
Mewn pecyn ar fy ngwar.

Awyr a choed a chaeau
O'm cwmpas ar bob llaw,
Nes dod rhyw ddydd at orwel –
Heb orwel arall draw.

· Ffonio'r Fet ·

'Hei, Wil!' mynte 'Nhad,
'Dos i ffono'r Fet!'

Roedd y mochyn yn gorwedd
Yn ymyl yr iet.

'Mae e'n sâl,' mynte 'Nhad;
A dyma fi'n rhedeg
I'r tŷ nerth tra'd.

Roedd rhif Jones y Fet
Lan fry ar y wal;
Ond y cwestiwn oedd,
A own i'n ddigon tal . . .?

Aberystwyth . . . tri . . . pedwar . . . pump . . . un.
A dyma fi'n clywed llais rhyw ddyn!

'Hylô!' mynte'r llais.
'Hylô!' mynte finne.
A dyna hi'n stop . . .
Rown i'n methu cael geirie . . .

'Hylô! Hylô! Pwy sy'n siarad?
Y . . . fi. Pwy ydw i? . . . O!
Wil bach ydw i . . . Wil bach, Rhyd-y-go'.
Be' sy'n bod? O . . . y . . . y . . . y mochyn . . .
A ddowch chi lan 'i weld e, mae 'Nhad yn gofyn?

O diolch, syr. Ymhen rhyw awr?
Mi ddweda' i wrth 'Nhad, syr. Diolch yn fawr.'

O ie – meddech chi – beth ddigwyddodd wedyn?
Wel, fe ddaeth y Fet ac fe wellodd y mochyn.

'Arhoswch i Fi'

Rhyw fachgen go ryfedd
Yw Deio Tŷ'n Ddôl,
Mae e rywfodd neu'i gilydd
Bob amser ar ôl.

Mae e'n hwyr yn yr ysgol,
Yn hwyr tua thre,
Yn hwyr at 'i frecwast
Ei ginio a'i de.

A phan fydd e'n chware
Cŵn hela 'da ni,
O bell mae e'n gweiddi –
'Arhoswch i fi!'

A phan fyddwn ni'n rhedeg
Ar ras tua'r coed,
Fydd e byth yn gynta'
Nac yn ail hyd yn oed;

Ond yn olaf bob amser;
A thu ôl i ni –
Fe glywn lais bach yn gweiddi,
'Arhoswch i fi.'

Ond os yw e'n un araf,
Bob amser ar ôl,
Does dim hwyl ar un chware
Heb Deio Tŷ'n Ddôl.

· Bwyta Gormod ·

'Rôl bwyta darn o deisen
A hwnnw'n ddarn go fawr,
A darn bron cymaint wedyn
I wthio'r cynta' i lawr;

Ac wedi llyncu eto
Un arall heb un lol,
Fe deimlodd Guto, druan,
Boen dirfawr yn ei fol.

Fe rowliai ar y soffa
Gan grio a gweiddi'n groch,
A'r dagrau poeth yn llifo
Fel afon dros ei foch.

Fe ddaeth ei fam, a dwedodd,
'Wel, arnat ti mae'r bai,
Mi fyddet dipyn callach
Pe baet yn bwyta llai.'

'Na, Mami,' llefodd Guto,
'Chi sydd ar fai, nid fi;
Chwi *wnaeth* y deisen, cofiwch,
Ei *bwyta* hi wnes i!'

· Pam? ·

Pam y mae'r lleuad weithiau'n llawn,
Ac weithiau fel cryman tenau iawn?

Pam y mae'r wylan sy'n hedfan fry
Mor rhyfeddol o wyn – a'r frân mor ddu?

Pam mae sgyfarnog y rhos mor chwim,
A'r crwban bron methu â symud dim?

Pam mae dŵr y nant mor glir â'r gwydr,
A dŵr yr afon fawr mor fudr?

Pam y mae dail y gwanwyn mor wyrdd,
A dail yr hydre'n frown hyd y ffyrdd?

A pham y mae cynffon gan ambell gi,
A dim gan un arall, dwedwch i mi?

Mae 'na gymaint o bethau od yn y byd –
Maen nhw'n gwneud i ni holi – holi o hyd.

Ond dyma'r cwestiwn olaf yn awr,
Ac yn wir i chi – mae e'n gwestiwn mawr . . .

Pam rwyf *fi* weithiau'n dda a charedig,
Ac weithiau'n ddrwg ac yn felltigedig?

· Distawrwydd ·

Sŵn traed yn dringo'r grisiau,
Sŵn drysau'r llofft yn cau,
Ac ar y ffordd tu allan,
Sŵn car yn ymbellhau.

Yna dim sŵn o gwbl
Ond sŵn rhyw gyfarth gwan
Fan draw wrth odre'r mynydd
Yn awr ac yn y man.

Wedyn distawrwydd llethol,
Heb eco pell y cŵn,
Minnau'n fy ngwely'n ofni –
Yn ofni'r nos ddi-sŵn.

· Baled y Goleudy Gwag ·

(Mae'r hanes sy'n cael ei adrodd yn y faled
yma'n wir. Diflannodd y tri gŵr a oedd yn gofalu
am y goleudy ar ynys Fflannan, yng ngogledd yr Alban,
yn y flwyddyn 1900; does neb hyd y dydd heddiw
yn gwybod beth ddigwyddodd iddyn nhw.)

Roedd tri o ddynion cryfion
Ar ynys Fflannan dlos
Yn cadw'n y goleudy
Y lamp ynghynn bob nos.

Ond gyda'r wawr un bore
Daeth llong â'r newydd syn
Fod y goleudy'n dywyll
Drwy'r nos heb lamp ynghynn.

A holai pawb ei gilydd
Pa ryfedd ddigwydd fu,
Nad oedd goleudy Fflannan
Ynghynn ar nos mor ddu?

Pan gododd haul y bore
Aeth Mac a Wil a fi
Tros far i ynys Fflannan
I edrych hynt y tri.

Ac wedi morio dwyawr
A rhwyfo â'n holl nerth –
Edrych ar dŵr brawychus
Ar ben y clogwyn serth.

Dringo yn igam-ogam
Dros risiau cul i'r ddôr;
Gweiddi – a'n lleisiau'n atsain
Trwy ogofeydd y môr.

Roedd drws yr hen oleudy
Ar agor led y pen,
Ond gwag oedd pob ystafell
Ac oer y lamp uwchben.

Gweled ar lawr y gegin,
Yn 'rhen adeilad llwyd,
Gadeiriau wedi'u gosod
A'r bwrdd yn llawn o fwyd,

Fel petai'n dal i ddisgwyl
Y tri yn ôl o'u taith
I fwyta ac i yfed
Cyn mynd ymlaen â'u gwaith.

Chwilio pob twll a chornel
O'r ynys drwyddi draw,
A gweiddi enwau'r hogiau
Am oriau yn ddi-daw.

Gweiddi, ac yna gwrando, –
Clustfeinio am unrhyw stŵr,
Heb glywed ond cri'r wylan
A'r gwynt o gylch y tŵr.

Chwilio pob trum ac agen
Uwchben y weilgi ddofn,
A sbïo dros y dibyn
A'n nerfau'n dynn gan ofn.

Sefyll ar grib y pentir,
A chofio'r chwedlau ffôl
Am wylwyr eraill Fflannan
Na ddaethant byth yn ôl.

Paham y neidiodd Malcolm
Mab Joc Macrae o'r tŵr
A syrthio megis carreg
I'w foddi yn y dŵr?

A ble'r aeth Dic Macdonald
Ar nos o law a gwynt
Pan oedd e yn gofalu
Am lusern Fflannan gynt?

Yno yn y distawrwydd
Cofiem yr hanes prudd
Am arall dri a gafwyd
Yn wallgo ar doriad dydd.

O, ryfedd ynys Fflannan,
Mor hardd yng nghôl y lli,
Pa beth yw'r hen ddigofaint
Sydd rhwng dy greigiau di?

Yna i'r cwch dychwelyd
A rhwyfo ar draws y don
I'r pentre lle roedd pobol,
Golau a lleisiau llon.

Wrth gofio'r gwŷr a gollwyd,
A'u rhyfedd ddiwedd hwy . . .
Ni ddringaf byth mo risiau
Goleudy Fflannan mwy.

· Mister Pigog ·

Gwelais ryw greadur
Hynod yn y cwm;
Gwisgai got o bigau,
Roedd ei gefn yn grwm.

Cerddai fel hen wreigan
Bedwar ugain oed
Yn chwilio am chwecheiniog
Dan ganghennau'r coed.

'Noswaith dda 'rhen gyfaill,'
Meddwn wrtho'n llon,
Ond gwarchod – cyn pen winciad
Aeth yn belen gron!

Pelen gron o bigau,
Heb na llaw na throed,
On'd oes 'na bethau rhyfedd
I'w gweld yn y coed?

Gwaeddais arno wedyn,
'Beth sy'n bod, 'rhen ffrind?
Ble mae'r coesau byrion
A'r trwyn wedi mynd?'

Distawrwydd! Gweiddi eto,
Ddwy waith neu dair,
Ond heb gael unrhyw ateb –
Dim un gair.

Ond . . . â'r coed yn ddistaw,
Heb undyn a'i gwêl,
Daw'r trwyn a'r coesau eto
Allan o'r bêl.

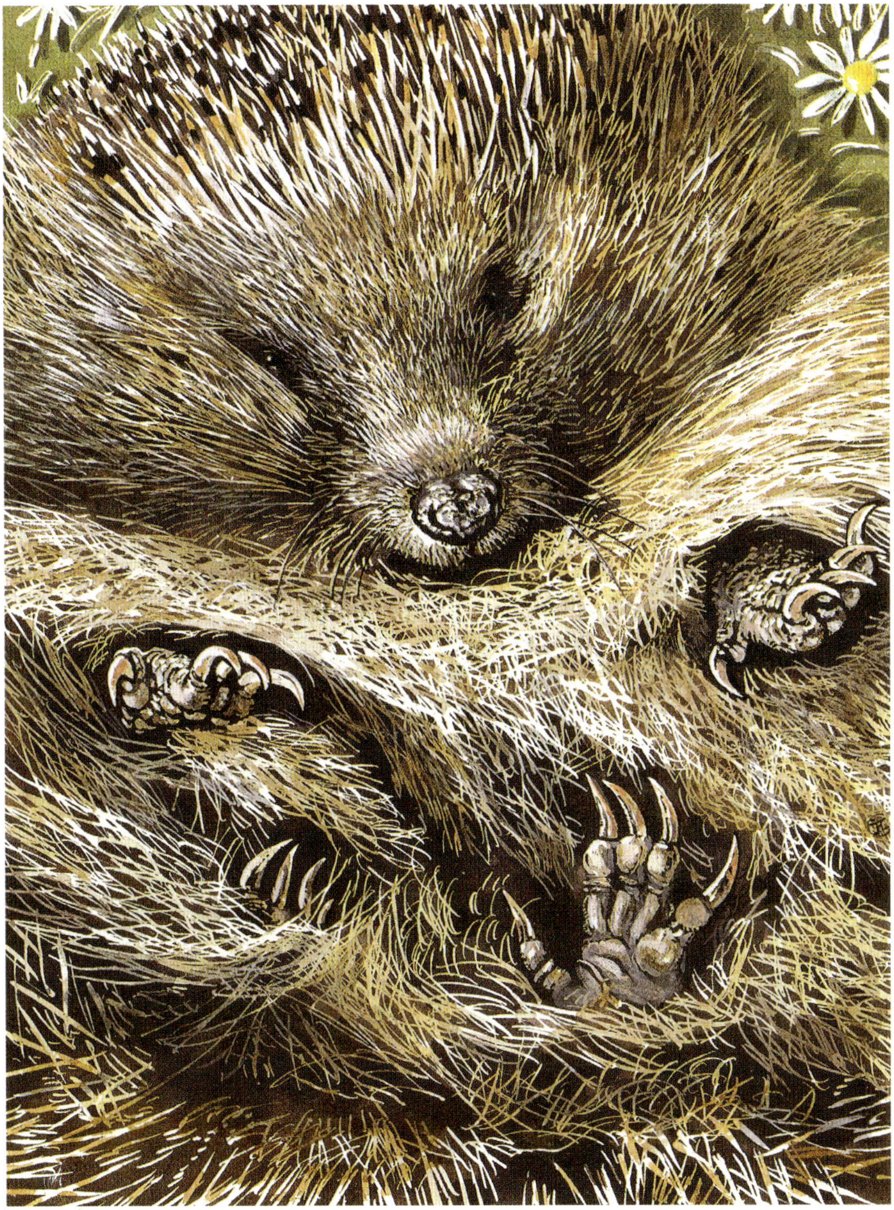

Pen y Bryn

O ben y bryn rwy'n medru gweld
Y pentre 'mhell is law,
A'r bobl megis morgrug mân
Yn rhuthro yma a thraw.

Y gwartheg yn y caeau pell
Sy' fel gwyfynnod fyrdd
A'r rheini'n pesgi'n braf bob un
Wrth fwyta'r carped gwyrdd.

A'r ceir sy'n gwibio'n ôl a blaen,
Yn ôl a blaen heb ball –
Mae'r rheini'n edrych, ar fy ngwir,
Fel gwybed hanner call!

Rwy'n hoffi dringo i ben y bryn
A throedio'r grug a'r mawn,
O ben y bryn rwy'n medru gweld
A deall pethau'n iawn.

· Y Sguthan ·

Mae rhyw sŵn o'r coed yn dod,
Hawyr bach! Pa beth sy'n bod?
   W-ŵ! W-ŵ! W-ŵ!

Pwy sy'n wylo o dorcalon
Rhwng canghennau'r bedw gleision?
   W-ŵ! W-ŵ! W-ŵ!

Pwy sy'n cwyno drwy y dydd
Pan fo'r gwanwyn yn y gwŷdd?
   W-ŵ! W-ŵ! W-ŵ!

Rwyf mewn gofid wrth ei wrando,
O na fedrwn ei gysuro!
   W-ŵ! W-ŵ! W-ŵ!

Mi af draw ar ysgafn droed
I gael gweld pwy sy'n y coed
Yn rhy drist i wneud dim byd
Ond galaru o hyd o hyd . . .
   W-ŵ! W-ŵ! W-ŵ! Wê!

Y Ceffylau Bach

Ar fy ngwir ac ar fy ngair,
Dyna hwyl ges i a Mair
Ar geffylau bach y Ffair!

Lan a lawr â ni o hyd,
Lan a lawr a rownd 'run pryd,
Gweld y Ffair yn troi i gyd.

Gweld y lampau glas a choch,
Clywed sŵn y miwsig croch,
Teimlo'r awel ar fy moch.

Gweld wynebau'r dorf yn wyn,
Pasio Mam bob hyn a hyn,
Honno'n gweiddi, 'Cydia'n dynn!'

Ar fy ngwir ac ar fy ngair
Dyna hwyl ges i a Mair
Ar geffylau bach y Ffair.

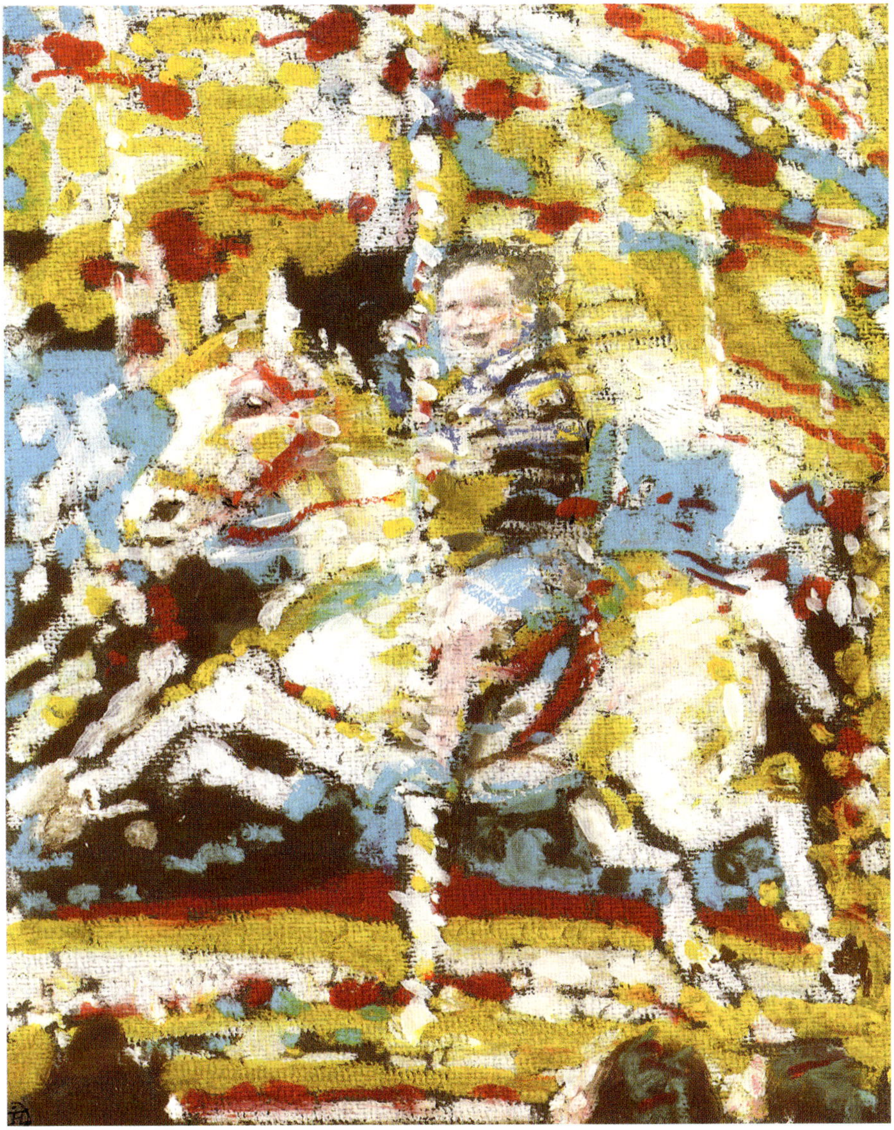

· Gwrach y Rhibyn ·

Glywsoch chi amdani,
Yr hen ddynes ddrwg
Â thrwyn cam fel cryman
A gwallt o liw'r mwg?
Gwrach y Rhibyn? Gwrach y Rhibyn? . . . O?

Ambell noson stormus
A'n tân ninnau'n goch,
Clywaf yn y simnai
Ei hen chwiban croch.
Gwrach y Rhibyn? Gwrach y Rhibyn? . . . O!

Unwaith ar y comin
Ymysg llwyni'r drain,
Tybiais imi weled
Ei hen wyneb main.
Gwrach y Rhibyn? Gwrach y Rhibyn! . . . O!

Neithiwr wrth fynd adre,
A'r lleuad yn llawn,
Gwelais gysgod tywyll,
Hi oedd yno'n *iawn!*
Gwrach y Rhibyn! Gwrach y Rhibyn! . . . O!

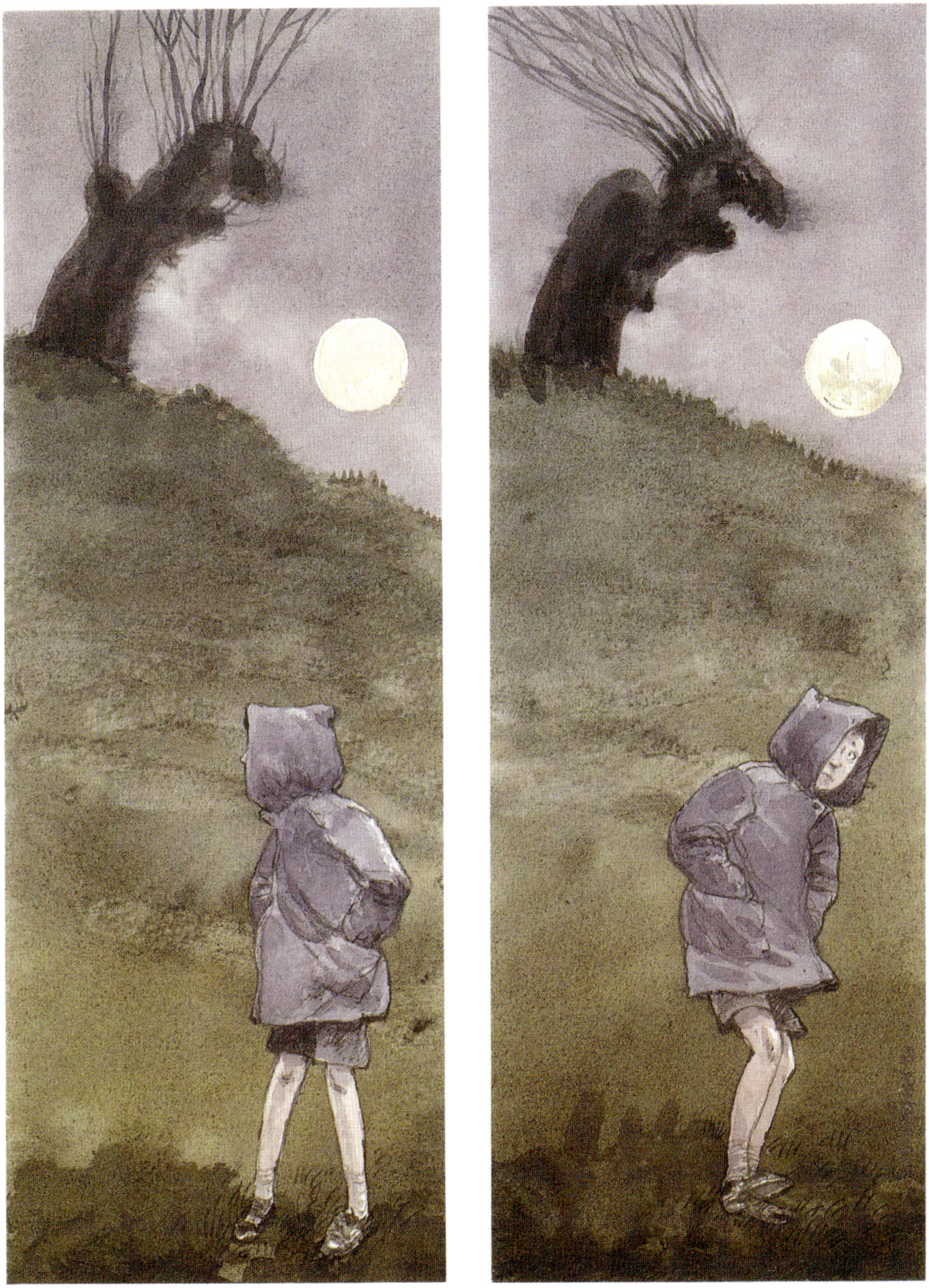

Min Hwyr ar Lan y Môr

Mi af yn llawen heno
Hyd drothwy'r traeth i roi tro,
Nid oes yn awr gerllaw'r lli
Dorf fawr na di-dor firi.
Mwy nid oes ym min y don
Enethod hanner noethion,
Na mân gleber pleserus
Na chriw heh siaced na chrys.
Un sŵn nid erys yno
Ar war y graig arw a'r gro –
Namyn ton gyson a gân
Anthem hwyr wrth y marian,
Si'r awel dros yr ewyn
A chri fain y gwylain gwyn.

Draw ar y don ar drai'r dydd
Llawr o aur yw lli'r Werydd,
Hardd yw'r bell linell union
A esyd haul ar draws ton –
Rhyw lôn o berl yn y bae
A chwa hwyr drosti'n chwarae.

Min y môr yw'r man gorau
Gennyf fi a hi'n hwyrhau,
Holl ysblander Iwerydd
Fin nos o haf yno sydd.

Ar Noson fel Heno

Ar noson fel heno
Yng ngwlad Iwdea gynt,
A'r sêr yn llond yr awyr
A'r gaeaf yn y gwynt.
Fe aned yno i'r Forwyn Fair
Ei baban bach ar wely gwair.

Ar noson fel heno,
A'r dref yn cysgu'n drwm,
Fe ddaeth bugeiliaid ofnus
At ddôr y llety llwm;
Ac oddi yno syllu'n daer
Ar wyneb annwyl baban Mair.

Ar noson fel heno,
Dros erwau'r tywod poeth,
O'r dwyrain pell i Fethlem
Fe ddaeth tri brenin doeth
I blygu'n wylaidd yn y gwair
I roddi mawl i faban Mair.

Ar noson fel heno
Cawn ninnau gofio 'nghyd
Am eni, yn Iwdea,
Waredwr mwyn y byd,
A chanwn gân i faban Mair
A aned gynt ar wely gwair.

·Aber-fan·
(Hydref 21ain, 1966)
(Safai tip glo fel mynydd uchel uwchben
pen tref Aber-fan. Un bore, ar 21 Hydref 1966,
ar ôl glaw mawr, llithrodd y mynydd dros ben
yr ysgol lle roedd y plant wrth eu gwersi.)

I Hamelin erstalwm,
Os yw'r hen stori'n ffaith,
Fe ddaeth rhyw bibydd rhyfedd
Yn gwisgo mantell fraith.

A'r pibydd creulon hwnnw
A aeth â'r plant i gyd
A'u cloi, yn ôl yr hanes,
O fewn y mynydd mud.

A Hamelin oedd ddistaw
A'r holl gartrefi'n brudd,
A mawr fu'r galar yno
Tros lawer nos a dydd.

Distawodd chwerthin llawen
Y plant wrth chwarae 'nghyd,
Pob tegan bach yn segur,
A sŵn pob troed yn fud.

Trist iawn fu hanes colli
Y plant diniwed, gwan –
yn Hamelin erstalwm,
Heddiw yn Aber-fan.

· Y Bws Bach ·
(Darn adrodd i'r plant lleiaf)

Pwy sydd am ddod
Yn fy mws bach i?
'Bâp-bâp, bâp-bâp.'
Nawr 'te-lan â chi!

Lawr i sgwâr y pentre
A rownd a rownd,
'Bâp-bâp, bâp-bâp.'
Cydiwch yn sownd!

I ffwrdd â ni nawr 'te,
I siopa i'r dre;
'Bâp-bâp, bâp-bâp.'
Pob un yn 'i le?

Pryd y down ni adre?
O, erbyn amser te.

'BÂP! BÂP! . . . BÂP-BÂP . . . BÂP-BÂP.'

·P'un Ddaeth Gynta'?·

Ym more bach y byd
y crëwyd pob peth byw,
Ond, p'un ddaeth gynta', meddech chi,
Yr wy, neu'r iâr, neu'r cyw?

Fe dyfodd derwen dal
Dan effaith glaw a gwres,
Ond p'un ddaeth gynta'? Pwy all ddweud?
Y dderwen fawr neu'r mes?

Daeth blodau gwyllt a ffrwyth
I guddio noethni'r wlad,
Ond p'un ddaeth gynta', dyna'r pwnc,
Blodyn, neu ffrwyth – neu'r had?

Daeth llewod, teigrod, eirth,
A'r eliffantod tew,
Ond p'un ddaeth gyntaf yn y byd,
Y llew? Neu'r cenau llew?

Er holi'ch tad a'ch mam,
A'r bobl ddoeth i gyd,
'Does neb a ŵyr yn iawn sut bu,
Ym more bach y byd!

· Nos Da ·

Sŵn moduron yn tawelu
Daeth yn amser mynd i'r gwely,
   Nos Da.

Dringo'r grisiau'n araf, araf,
Daeth Siôn Corn i alw amdanaf.
   Nos Da.

Gadael bat a phêl a stori,
Gadael popeth tan yfory.
   Nos Da.

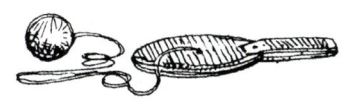

· Y Diwedd ·